D[Ê] PROPÓSITO

CARO(A) LEITOR(A),
Queremos saber sua opinião
sobre nossos livros.
Após a leitura, curta-nos no
facebook.com/editoragentebr,
siga-nos no Twitter
@EditoraGente e
no Instagram
@editoragente
e visite-nos no site
www.editoragente.com.br.
Cadastre-se e contribua com
sugestões, críticas ou elogios.

JOÃO BRANCO

D[Ê] PROPÓSITO

COLOQUE A INTENÇÃO CERTA NO
SEU TRABALHO E PREENCHA SUA ROTINA
DE **SATISFAÇÃO** E **SIGNIFICADO**

Diretora
Rosely Boschini

Gerente Editorial
Rosângela de Araujo
Pinheiro Barbosa

Editora Júnior
Rafaella Carrilho

Assistentes Editoriais
Fernanda Arrais
Tamiris Sene

Produção Gráfica
Fábio Esteves

Preparação
Amanda Oliveira

Capa
Rafael Brum

Projeto gráfico e Diagramação
Gisele Baptista de Oliveira

Revisão
Wélida Muniz
Renato Ritto

Impressão
Gráfica Bartira

Copyright © 2022 by João Branco
Todos os direitos desta edição
são reservados à Editora Gente.
Rua Natingui, 379 – Vila Madalena
São Paulo, SP – CEP 05443-000
Telefone: (11) 3670-2500
Site: www.editoragente.com.br
E-mail: gente@editoragente.com.br

As citações bíblicas foram padronizadas de acordo com
a Bíblia Nova Tradução na Linguagem de Hoje (NTLH),
disponível em https://www.bible.com›Bible›NTLH.

Dados Internacionais de Catalogação na Publicação (CIP)
Angélica Ilacqua CRB-8/7057

Branco, João
    Dê propósito: coloque a intenção certa no seu trabalho e
preencha sua rotina de satisfação e significado / João
Branco. - São Paulo: Editora Gente, 2022.
    192 p.

ISBN 978-65-5544-215-1

1. Desenvolvimento profissional 2. Desenvolvimento pessoal
3. Sucesso 4. Autoconhecimento I. Título

22-1478   CDD 650.14

Índice para catálogo sistemático:
1. Desenvolvimento profissional

NOTA DA PUBLISHER

Qual é a sua missão? Essa é uma pergunta com a qual os meus autores estão mais do que acostumados. A verdade é que se trata de uma provocação disfarçada de dúvida. Isso porque missão todos nós temos. Quer ver? Quem acha que fazemos livros está enganado. Na Editora Gente, nós transformamos vidas! E essa grande conquista vem por meio das obras publicadas. A questão, portanto, não está no que você faz, mas em inserir esse propósito maior no seu trabalho, criando, assim, uma rotina plena de significado.

Aqui, em *Dê propósito*, João Branco faz essa proposta de reflexão, de troca de perspectiva sob a qual você enxerga o seu trabalho (afinal, ele ocupa boa parte do seu dia – e provavelmente da sua vida!). Mas como fazer essa mudança? Comece por levar o seu coração para o trabalho! VP de Marketing da Arcos Dorados Brasil, o McDonald's, João fala com maestria sobre como cada um serve ao próximo com o seu trabalho e, juntos, servimos a uma missão ainda maior.

É por isso que quando falo que a real força da Editora Gente reside em um time tão dedicado é porque sinto que cada um deles leva, diariamente, seu coração para a editora. E isso vem muito de termos um propósito claro e uma missão bem desenhada. A cada livro vendido, uma vida impactada – e, lá na editora, esse é quase um mantra, porque sabemos que nosso trabalho serve a um propósito maior.

Para quem está infeliz profissionalmente, cansado de uma rotina exaustiva e sem propósito, me junto ao João e pergunto: por que não levar seu coração ao trabalho?

ROSELY BOSCHINI – CEO &
PUBLISHER DA EDITORA GENTE

O seu trabalho não é

só o seu trabalho.

AGRADECIMENTOS

Agradecer é reconhecer que a gente não conseguiria sozinho. Então puxo a fila cronologicamente e lembro que tudo começou porque meus pais, o saudoso papai João e a mamãe Neide, se esforçaram em me ensinar os princípios mais importantes da vida. O maior agradecimento também entrego para a minha esposa Nátalie – o amor da minha vida – e aos nossos pequenos Mateus e Júlia – que me abastecem todos os dias com muito carinho e alegria.

Este livro é sobre trabalho. Então também devo um "muito obrigado" a todos que já foram meus chefes, minha querida equipe e meus colegas de profissão pela paciência com um João que já errou muitas vezes, mas segue tentando acertar.

As ideias compartilhadas aqui nasceram de muitas conversas, reflexões e provocações de conselheiros que fizeram a diferença, como o amigo Marquinhos, o coach Nasser e o pastor Sidney.

E fecho registrando minha gratidão máxima a Deus por esse presente. Eu realmente não conseguiria nada sozinho, muito obrigado.

• •

Quer seguir conversando comigo? Me mande uma mensagem lá no Instagram que eu respondo todas as pessoas!

http://www.instagram.com/falajoaobranco

SUMÁRIO

INTRODUÇÃO **13**

CAPÍTULO 1 **PILOTO AUTOMÁTICO** **19**

CAPÍTULO 2 **O VAZIO QUE O TRABALHO NÃO PREENCHE** **35**

CAPÍTULO 3 **O QUE É SUCESSO?** **51**

CAPÍTULO 4 **NÃO SONHE GRANDE, SONHE ALTO** **69**

CAPÍTULO 5 **COMECE COM A INTENÇÃO CERTA** **87**

CAPÍTULO 6 **AS PESSOAS PRECISAM DO QUE VOCÊ FAZ** **111**

CAPÍTULO 7 **EXCELÊNCIA É UMA DECLARAÇÃO DE AMOR** **127**

CAPÍTULO 8 **HOJE VALEU A PENA?** **143**

CAPÍTULO 9 **SEU TRABALHO, SUA MISSÃO** **157**

CAPÍTULO 10 **MISSÃO CUMPRIDA** **175**

O TRABALHO POR TRÁS DO TRABALHO **190**

INTRODUÇÃO

Seja sincero: o trabalho é um "mal necessário" na sua vida? Pode responder sem filtros, não tem ninguém olhando. Você tem o direito de ter sentimentos ambíguos em relação à sua profissão, até porque nossa relação com o trabalho está sempre mudando. Quando crianças, sonhamos com "o que eu vou ser quando crescer": médica, professor, bombeiro, arquiteta, cozinheiro, piloto de avião... Na adolescência, recebemos o primeiro chamado da realidade e escolhemos um trabalho buscando realizar nossos sonhos e optamos por um curso pensando naquilo que gostamos de fazer e que pode nos direcionar para uma boa carreira. Fazemos estágios para aprender, buscamos promoções para crescer, planejamos cursos e mudanças para atingir nosso ideal de vida. Mas nesse caminho percebemos que existem muito mais opções na vida do que havíamos imaginado nos nossos sonhos de infância e, ao mesmo tempo, muitas outras dificuldades. E, com elas, vêm as decepções. Entre chefes difíceis, tarefas repetitivas e desejos de maior remuneração, o significado de estar ali todos os dias se esvazia aos poucos.

Para grande parte das pessoas, trabalhar se torna uma cruz que precisa ser carregada diariamente para dar conta dos boletos. Pesquisas mostram que nove em cada dez brasileiros

DÊ PROPÓSITO

estão infelizes no trabalho,[1] e isso é um péssimo sinal, pois passamos mais da metade da nossa vida adulta trabalhando! A maioria das pessoas sente angústia no domingo à noite, vendo a segunda-feira como o início da repetição de um ciclo desconfortável que, na melhor das hipóteses, é interrompido uma ou duas vezes por ano com férias rápidas.

Parece não haver escapatória para o trabalho, exceto na cabeça dos que sonham em ganhar na loteria. Jogar na Mega-Sena já se tornou uma tradição em um país em que a maioria das pessoas trabalha porque é obrigada. A pressão externa tampouco ajuda, vivemos um momento no qual tudo fica cada vez mais caro e as definições do que significa ter uma "vida legal" são atualizadas a cada dia, cada vez mais irreais. Enquanto corremos atrás de tudo isso, a vida vai passando.

Já parou para pensar? Gastamos tanto tempo trabalhando que não estamos apenas trabalhando, estamos vivendo. Quase metade dos brasileiros trabalha até onze horas por dia.[2] Nesse expediente estamos vendendo coisas, atendendo a clientes, fazendo relatórios, carregando caixas, apertando parafusos. É assim que gastamos a chance que Deus nos deu de viver. Por que será que fazemos isso? É porque somos todos membros do "clube dos boletos"? É porque a gente se autoimpõe desafios? Ou é porque ficamos nos comparando com os outros minuto a minuto?

• • •

1 FONTES, L. Mudança de carreira: nove em cada dez brasileiros estão infelizes no trabalho. **O Tempo**, 02 set. 2020. Disponível em: https://www.otempo. com.br/interessa/mudanca-de-carreira-nove-em-cada-dez-brasileiros-estao-infelizes-no-trabalho-1.2379797. Acesso em: 04 fev. 2022.

2 DONATO, V. Quase metade dos brasileiros trabalha até onze horas por dia. **G1**, 5 dez. 2011. Disponível em: https://g1.globo.com/jornal-hoje/noticia/2011/12/quase-metade-dos-brasileiros-trabalha-ate-onze-horas-por-dia.html. Acesso em: 4 fev. 2022.

Trabalhar não é um mal necessário, porque o mundo precisa do que você faz: o seu trabalho é um *bem* necessário que pode ir muito além das suas tarefas diárias.

@falajoaobranco

DÊ PROPÓSITO

Muita gente acha que essa relação problemática com o trabalho é um problema sem solução. São pessoas que, sem perceber, jogaram a toalha e entraram em um "modo piloto automático" e, por falta de opções, acabaram se conformando com esse triste cenário. Mas também há os que estão tentando mudar isso. Se um livro com este título chegou às suas mãos, você deve ser um deles. Alguém que está buscando mudar essa equação, alguém que percebeu que a disputa entre trabalho e vida precisa ser diferente. E é exatamente para você que tudo isto foi escrito.

Aqui você vai encontrar outro ponto de vista, uma nova forma de encarar a sua rotina profissional, trazendo mais significado ao seu dia a dia. Muita gente tenta fazer isso colocando atividades prazerosas nas horas vagas, mas não é o suficiente, e deixa a segunda-feira ainda mais torturante. Também há os que se esforçam para acumular uma grande poupança ainda jovens, pensando que um dia poderão sair do modo "não tenho opção" e finalmente conseguir "aproveitar a vida sem ter que trabalhar". Mas a verdade é que fazer isso é admitir que o tempo que passamos trabalhando não serve para nada além de ganhar dinheiro. E quem é capaz de produzir riquezas de modo tão rápido dificilmente vai se contentar com a meta inicial e parar com tudo tão cedo. Essa não parece ser a melhor solução. E agora? Como resolver esse dilema?

Se este livro fosse um escritório, este seria o momento de "bater o ponto" de entrada no expediente. Aqui começa uma jornada de descoberta de um novo mundo, e vou acompanhar você nesse "passeio". Caso ainda não me conheça, eu trabalho com marketing, ou seja, ajudo empresas a venderem mais,

INTRODUÇÃO

faço propagandas que criam desejos nos consumidores – pelo menos é isso que os outros acham que é o meu trabalho. E era o que eu também achava no começo da carreira, até um dia lembrar que vou envelhecer. E quando estiver com 90 anos, cabelos grisalhos, pele enrugada e uma bengalinha, eu não quero olhar para trás e perceber que gastei a minha vida vendendo produtos. Não, não é só isso que eu faço. O meu e o seu trabalho podem ser muito mais que isso.

O que eu proponho é que a sua atividade profissional seja uma fonte de alegria, satisfação e significado na vida. Para isso, você não precisa largar tudo para vender suas artes na praia, ser voluntário em uma ONG ou virar um líder religioso. Porque, acredite, essas pessoas têm tantas reclamações da própria rotina diária quanto você.

Este livro foi escrito ao longo dos últimos anos, e se você me acompanha, já deve ter provado degustações dele pelo caminho. Aqui está a refeição completa, preparada especialmente para pessoas que sentem dores nas costas – as dores de carregar um piano pesado chamado "sou obrigado a trabalhar e não vejo sentido nisso". Nesse período, testei filosofias e hoje sei que, juntos, podemos mudar a relação que você tem com a sua profissão. E tudo será feito ao longo destas páginas – não de modo abstrato, mas na prática – para, ao final, dar a você o presente mais valioso: o alívio do peso de trabalhar (peso que tanta gente carrega por autoimposição). Desse modo você poderá ter mais dias bons, valiosos e gratificantes.

A ideia não é incentivá-lo a trabalhar menos, mas a trabalhar diferente. E fazer isso é mais simples do que você imagina. Quer um spoiler? Nosso trabalho não é apenas o

DÊ PROPÓSITO

nosso trabalho, é uma forma de amar. Trabalhar é servir, uma atividade que muda o mundo, constrói a realidade; trabalhar não é um mal necessário, porque o mundo precisa do que você faz: o seu trabalho é um *bem* necessário que pode ir muito além das suas tarefas diárias. Ele está prestes a se tornar a sua missão: tudo depende da sua intenção.

CAPÍTULO 1

PILOTO
AUTOMÁTICO

A vida está correndo e, se não ficarmos atentos, levantaremos os olhos e o nosso tiro de largada já terá passado por nós.

MAX LUCADO[3]

3 LUCADO, M. **Faça a vida valer a pena**: fomos criados por um Deus maravilhoso para fazer coisas maravilhosas. 2. ed. São Paulo: Thomas Nelson Brasil, 2012.

Beep, beep, beep, beep. Despertador bem cedinho, café da manhã e "partiu trabalhar". Resolver problemas, atender clientes, fechar negociações, responder e-mails. Parada rápida para o almoço. Receber ordens, pagar contas, procurar respostas, eliminar pendências, entregar produtos, lidar com reclamações. Fim do expediente. Nos dias "bons" o relógio ainda está marcando 7 horas da noite. Restam quatro horas para chegar em casa, tomar banho, jantar, ficar com a família e fazer alguma coisa pessoal (isso se não houver uma lâmpada para trocar, roupas para lavar ou uma ida ao mercado) antes de pegar no sono. Respire fundo, amanhã começa tudo de novo.

Um dia, dois dias, dez dias, trinta... quem está perto dos 40 anos provavelmente já viveu mais de 4 mil dias assim. O ditado diz que tempo é dinheiro, mas não consigo concordar. Há uma grande diferença entre eles: você consegue ganhar mais dinheiro, já o tempo... esse não tem como comprar mais, e foi quase todo ocupado trabalhando no "modo automático". Você também já teve essa sensação de viver uma "vida de zumbi"? Uma rotina em loop infinito, correndo atrás da próxima fase desse videogame da vida real chamado carreira?[4]

• • •

4 Adaptado de BRANCO, J. João Branco: desligue o piloto automático no trabalho. **Forbes**, 8 out. 2021. Disponível em: https://forbes.com.br/carreira/2021/10/joao-branco-desligue-o-piloto-automatico-no-trabalho/. Acesso em: 16 fev. 2022.

DÊ PROPÓSITO

Vamos começar a nossa jornada fazendo um exercício: pegue uma folha de papel em branco e faça um traço, dividindo-a em partes iguais. Agora pense em uma mesa cheia de papelada – provavelmente você conhece essa mesa, porque muitas vezes a sua fica assim. Ela tem todo o tipo de coisa que você precisa resolver no trabalho, suas contas pessoais para pagar, os documentos que você precisa ler, as ligações que deve fazer, as pendências que precisa resolver etc. Escondidas ali embaixo estão as coisas que você tem até medo de descobrir que está devendo, as tarefas das quais se esqueceu e no fundo torce para que quem precisa delas também as tenha esquecido. Pense bem nessa mesa, que tem todas as suas obrigações, porque ela vai preencher metade dessa folha de papel que está na sua mão agora. Ela representa o seu tempo de vida acordado. Não estou exagerando. Se você fizer as contas, vai perceber o quanto o trabalho ocupa da sua agenda diária.

Quantas horas você gasta exercendo a sua profissão? No Brasil esse número chega a onze horas. Se incluirmos o tempo médio que gastamos no deslocamento, ultrapassa a marca de quinze horas.[5] Isso significa que se tirarmos o tempo dormindo, gastamos mais da metade dos nossos dias em atividades profissionais. O restante, então, fica espremido na outra metade dessa folha: estudos, passeios, compras, namoro, transporte, família, comemorações, exercícios físicos, redes sociais, descanso, restaurantes, cinema, documentações, hobbies etc.

• • •

5 CARNEIRO, L.; ROSAS, R. IBGE: Tempo de deslocamento ao trabalho no país é de 4,8h por semana, mas chega a 7,8h em SP. **Valor Econômico**, 7 maio 2021. Disponível em: https://valor.globo.com/brasil/noticia/2021/05/07/ibge-tempo-de-deslocamento-ao-trabalho-no-pais-e-de-48h-por-semana-mas-chega-a-78h-em-sp.ghtml. Acesso em: 4 fev. 2022.

É chocante perceber que mesmo se juntarmos tudo o mais que fazemos na vida, não conseguimos alcançar a carga horária do trabalho. A conta fica ainda mais assustadora se imaginarmos que dos quarenta anos que uma pessoa viveu na fase adulta, é como se ela tivesse passado o equivalente a vinte anos trabalhando. Você já tinha percebido isso? Essa folha que está na sua mão é um importante ponto de alerta.

Seu tempo acordado se divide em duas partes:

TRABALHO	**TODO O RESTANTE** estudos, passeios, compras, namoro, transporte, família, comemorações, exercícios físicos, redes sociais, descanso, restaurantes, cinema, documentações, hobbies etc.

O PRINCÍPIO DAS DORES

Com quantos anos você começou a trabalhar? Você se lembra de como foi o seu primeiro dia? Eu guardo muito bem as memórias do meu: nesse dia o jovem Joãozinho acordou mais cedo que o normal, colocou uma "roupa mais séria" e se preparou para ir descobrir o que era esse tal mundo dos adultos independentes. Quando cheguei na cozinha, minha mãe e meu saudoso pai estavam me esperando com um sorriso no rosto. Ele me disse: "Parabéns, filho, você está começando para nunca mais parar". Ouvir isso me deu uma mistura de sensações. Foi como comer melancia com sal. Um emaranhado de alegria e medo. Isso parecia ser um elogio, mas, ao mesmo tempo, um

DÊ PROPÓSITO

alerta. Era como se alguém tivesse me dado os cumprimentos por ter ganhado um prêmio, e ao mesmo tempo me avisado que eu tinha recebido uma sentença. De certa forma, ele estava certo. O trabalho é mesmo essa mistura. Ao mesmo tempo em que ele nos traz a satisfação de conquistar o sustento, ele nos desgasta, cansa, machuca. Precisamos admitir: trabalho é perrengue. É uma rotina espinhenta. E a maioria das pessoas vai passar toda a vida adulta tendo que lidar com isso.

Com o tempo, cada um de nós vai encontrando a sua forma de conviver com essa dose diária de chatice chamada trabalho. Já que não temos alternativas, o jeito é entrar logo no esquema e nos conformarmos. Como um rato que entra em uma daquelas rodinhas e fica correndo sem sair do lugar. Como se ativássemos um modo "piloto automático" na nossa rotina. Isso me lembra um trecho da animação *Bee Movie – a história de uma abelha*, estrelada por Jerry Seinfeld. O personagem principal é uma simpática abelhinha, Barry B. Benson, que fica muito frustrada com o sistema de trabalho da colmeia. Barry descobre que todas as abelhas precisam escolher uma das funções predeterminadas e cumpri-la repetitivamente por toda a vida, pois são parte de uma sociedade que existe para apenas uma finalidade: produzir mel. O desespero que o personagem sente nesse momento é o mesmo que vejo em muitos de nós. É como se você estivesse fadado, desde o nascimento, a ter que escolher uma profissão e ir para essa minitortura sistematicamente, porque essa é a única forma de conseguir conquistar os recursos necessários para sobreviver. Como uma abelha ou um robô no piloto automático, você não vê a hora de terminar as "horas pagas" para começar as "horas vagas" com as quais você poderá fazer coisas que realmente trazem alegria.

Como consigo ter tempo para ser feliz se gasto tantas horas trabalhando?

@falajoaobranco

DÊ PROPÓSITO

Uma multidão de gente leva essa "vida de zumbi" e nem se dá conta. Já se acostumou, afinal, é o modo sobrevivência, o modo "trabalho porque sou obrigado", o modo "eu daria tudo para não precisar mais trabalhar", o modo "eu odeio as segundas-feiras".

Mas viver como um zumbi empregado é reduzir o trabalho à mínima potência. É viver uma relação transacional passiva na qual você apenas troca diariamente as suas habilidades e seu tempo por dinheiro enquanto espera, com todas as suas forças, que um dia consiga ter algo que traga mais satisfação. Há quem ache que esse prazer que buscamos só é uma realidade nas férias. Mas, de cada dez brasileiros, apenas três trabalham com registro em carteira e podem sonhar com o descanso remunerado.[6] A maioria faz a pausa que consegue, isso quando é possível. As abelhinhas do longa falam com orgulho que nunca tiraram um dia de descanso na vida, em 27 milhões de anos. E muitos de nós vão pelo mesmo caminho, mas perdendo o brilho nos olhos e a saúde mental no processo, porque aquele trabalho não significa nada além da sobrevivência. Apesar de todos os seres vivos precisarem ter as necessidades básicas supridas, o ser humano é um animal muito mais complexo que isso. Só sobreviver não é o suficiente para a nossa espécie.

Começamos a descobrir todas essas coisas no nosso primeiro dia de trabalho. Com o passar dos anos, se não

• • •

6 SANTA RITA, B; TUNES, G. De cada 10 brasileiros, apenas três têm emprego com carteira assinada. **Correio Braziliense**, 7 mar. 2019. Disponível em: https://www.correiobraziliense.com.br/app/noticia/economia/2019/03/07/internas_economia,741415/de-cada-10-brasileiros-apenas-tres-tem-emprego-com-carteira-assinada.shtml. Acesso em: 4 fev. 2022.

PILOTO AUTOMÁTICO

soubermos lidar bem com o trabalho, ele se torna realmente um castigo. Uma cruz para você carregar, um piano pesado que fica nas suas costas por muitos anos e que, além de causar dores, gera uma pergunta: "como consigo ter tempo para ser feliz se gasto tantas horas trabalhando?". Conheci pessoas que tiveram dúvidas se deveriam formar uma família ou não por causa da profissão, afinal não teriam tempo para isso. Conheci gente que teve problemas no casamento porque trabalhava demais ou se ocupava em horários que não se encaixavam com os da família e isso virou uma grande barreira na vida pessoal. Já convivi com tantos colegas que não viram os filhos começar a andar, falar as primeiras palavras, dar o primeiro mergulho, andar sem as rodinhas da bicicleta, fazer as primeiras continhas, amarrar os cadarços sozinhos. Eles nunca estavam lá; "precisavam" estar no trabalho. Será mesmo que é assim que devemos nos relacionar com o emprego? Ele está separado da nossa vida pessoal mas, ao mesmo tempo, ocupa tempo demais para estar apartado dessa forma.

O SEGREDO É SE APOSENTAR CEDO, ENTÃO?

Em 2007, o empresário americano Timothy Ferriss lançou um livro que se tornou uma verdadeira sensação mundial: *Trabalhe 4 horas por semana.*[7] O livro foi um sucesso porque pregava um modo de vida voltado para o sacrifício máximo por alguns anos, com otimização total do seu tempo e dos seus recursos para

• • •

7 FERRISS, T. **Trabalhe 4 horas por semana:** fuja da rotina, viva onde quiser e fique rico. São Paulo: Planeta Estratégia, 2017.

DÊ PROPÓSITO

proporcionar uma aposentadoria precoce. Funcionava assim: o autor explicava técnicas e pensamentos voltados para economia de tempo, de atenção e investimentos, de modo a atingir uma liberdade total – que, no caso, é ter dinheiro o suficiente para não precisar trabalhar e então poder se ocupar profissionalmente apenas quando você quiser, ou naquilo que gosta, sob as suas regras. Parece um verdadeiro paraíso, não? Trabalhando de maneira inteligente, você conquista liberdade financeira para não precisar mais trabalhar.

Gosto da provocação, mas fica evidente que a realidade é muito distante dessa ideia. Pouquíssima gente tem um trabalho que gera faturamento o suficiente para isso ou habilidade empreendedora para produzir rendas alternativas nessa ordem de grandeza. Isso sem falar que, muitas vezes, trabalhar pouco ou muito por apenas um período simplesmente não é uma opção. Não é uma opção para uma mãe de família que sustenta a casa e cuida dos filhos, não é uma opção para uma médica que faz plantões, não é uma opção para um funcionário de telemarketing que chega em casa exausto e não vai conseguir levantar um negócio on-line durante as poucas horas que tem para ficar em casa, como o autor sugere. O livro de Ferriss tem muitas coisas interessantes, e se tornou um best-seller porque tocou em um nervo muito sensível: nossa relação mal resolvida com uma atividade que é presente e imensa na nossa existência: trabalhar. E agradou muita gente porque abordou o assunto falando justamente o que queremos ouvir: "você deve trabalhar menos".

Em uma das vezes em que o famoso cantor (e simpático sambista da música "Deixa a vida me levar") Zeca Pagodinho esteve no programa de entrevistas do Jô Soares, ouviu uma

PILOTO AUTOMÁTICO

pergunta curiosa: "Zeca, qual foi a pior coisa – a que você mais odiava – que você teve que fazer?". Normalmente quando nos fazem uma pergunta dessas, precisamos de alguns minutos para processar. Alguém está lhe pedindo para lembrar de todas as coisas que você já foi obrigado a fazer na vida, ponderar um ranking das piores e citar a primeira posição. Mas Zeca não precisou pensar mais do que dois segundos, a resposta estava na ponta da língua: "trabalhar". Depois da gargalhada da plateia, reforçou: "é ruim". Esse vídeo faz sucesso até hoje porque dentro de todos nós existe um Zeca que também preferiria não ter obrigações. E assim alguns acham que a solução é trabalhar o mínimo possível.

Conheci essa teoria por meio de um amigo que vou chamar de Téo. Ele tem uns 40 anos e uma visão muito clara: a única solução do problema está em "se matar de trabalhar" para juntar o mais rápido que conseguir o dinheiro necessário para viver confortável o resto da vida e então parar o mais cedo possível e finalmente tentar ser feliz. O Téo é uma das pessoas mais talentosas e workaholics que eu conheço, mas vejo vários problemas na sua teoria. Primeiro, porque, para tentar acumular o máximo possível, ele trabalha muito e abre mão de coisas extremamente importantes para ele, algumas das quais provavelmente vai se arrepender no futuro. Segundo, porque quando ele começou a ganhar mais dinheiro, naturalmente mudou o seu padrão de vida e começou a gastar mais, postergando esse plano cada vez mais. Terceiro, porque a maioria das pessoas não vai conseguir juntar uma fortuna assim em tão pouco tempo. E as pouquíssimas que conseguem costumam ser justamente as que têm dificuldade de se contentar e parar tudo de repente. Quem ganha os jogos é normalmente

DÊ PROPÓSITO

quem sabe e gosta de jogar. Por fim, precisamos lembrar que "aproveitar" a vida apenas na velhice é diferente de desfrutar bons momentos ao longo de toda a vida. De certa forma, é como se você estivesse em um rodízio e se propusesse primeiro a comer tudo o que mais odeia para só então comer o que gosta. Quando chegar o momento da sua comida preferida, provavelmente você não terá o mesmo apetite.

A ideia de fazer de tudo para se aposentar cedo é muito perigosa e creio que exista uma solução ainda melhor, mas vamos falar sobre ela mais adiante.

AS HORAS VAGAS E AS HORAS PAGAS

Ao longo dos anos, conheci pessoas que tentavam melhorar essa equação por meio do tempo "livre". O Geraldo, por exemplo, é o presidente de uma grande multinacional aqui no Brasil. Com uma rotina intensa tomada por reuniões importantes e decisões duras, ele terminava o dia com a sensação ruim de que não havia conseguido dedicar tempo para fazer algo com um significado maior. Foi aí que começou a se envolver em projetos sociais. Descobriu que quando visitava um hospital para levar brinquedos para crianças carentes em recuperação, era contagiado pelos sorrisos infantis; quando ajudava em um mutirão para dar cobertores a pessoas desabrigadas, seu coração ficava aquecido. Esses momentos eram pequenas ilhas de satisfação em um oceano chamado rotina. Ao perceber isso, montou um esquema e passou a doar constantemente parte do seu salário para projetos sociais e colocou na agenda uma visita mensal a uma instituição de caridade, ajudando pessoalmente nessas ações.

Fazer algo pelos outros é muito importante para nós.

@falajoaobranco

DÊ PROPÓSITO

A tentativa do Geraldo é de encontrar uma solução nas horas vagas, não nas "horas pagas". Estudos mostram que um trabalho voluntário, mesmo que realizado por apenas alguns minutos na semana, pode trazer um toque a mais de satisfação na vida.[8] É admirável conhecer pessoas que têm essa sensibilidade e disposição em ajudar o próximo. No fundo, isso revela que fazer algo pelos outros é muito importante para nós. Se você nunca visitou uma ONG que faz um trabalho sério, recomendo que tenha essa experiência.

A primeira vez que visitei uma casa do Instituto Ronald McDonald, por exemplo, foi inesquecível. Tive contato com dez crianças em tratamento de câncer e com as mães delas. Saí de lá achando que não tinha problema nenhum na vida. E que podia ajudar mais aquelas pessoas. A satisfação de fazer o bem a alguém que precisa muito de ajuda é uma das coisas que mais preenchem a nossa vida. Mas isso leva a outra crise: quanto mais o Geraldo se envolvia em projetos sociais, mais o dilema aumentava no seu coração.

Quanto mais eu coloco coisas que me enchem de significado em um período de uma hora por semana, mais fica evidente que existe um problema nas outras 167 batidas do relógio. Quanto mais eu uso as horas vagas para fazer algo que me parece ser o que realmente vale a pena na vida, mais as horas pagas parecem ser o que realmente NÃO vale a pena na vida. Essas participações esporádicas talvez sejam apenas uma degustação, uma amostra grátis da sensação de propósito que buscamos, mas que não deveria ter importância

• • •

8 BARKER, E. **A surpreendente ciência do sucesso**. Rio de Janeiro: Sextante, 2020. p. 57.

PILOTO AUTOMÁTICO

apenas em uma pequena parte da nossa agenda. Seria possível colocar esse mesmo senso de satisfação no trabalho, o grande bloco que ocupa metade de nossas vidas?

TRABALHAMOS MUITO

Está posto o dilema. De um lado, queremos ter uma vida com significado. De outro, temos a barreira do trabalho – algo que somos "obrigados" a fazer e que ocupa tempo demais.

O modo de vida em piloto automático não poupa ninguém. Atinge todas as profissões, níveis de hierarquia e salários. Um executivo estressado que sente que já virou um zumbi pode sonhar com a vida de um vendedor de água de coco na praia, achando que as demandas podem ser um pouco mais fáceis. Faz isso sem saber que, ao mesmo tempo, os comerciantes do litoral estão perdendo noites de sono por causa das mudanças no público, dos aumentos nos custos e da chegada de novos concorrentes. Se você já imaginou que um jogador de futebol ou uma top model tem o emprego perfeito, não imaginaria quantos deles têm sentimentos depressivos a respeito da própria carreira. Humoristas, influenciadores digitais, assistentes sociais, concursados, fundadores de startups e até missionários: estão todos buscando um emprego dos sonhos que simplesmente não existe. Essa constatação chega para todos, é uma questão de tempo. Para quem é mais sensível, um pouco antes; para quem é menos, um pouco mais para frente. Mesmo ganhando muito ou pouco dinheiro, um dia parece que o cérebro dá um "estalo" e solta um grito: "será que eu deveria estar gastando tanto tempo, energia e vida nisso que eu chamo de trabalho? Será que vale mesmo a pena?".

DÊ PROPÓSITO

Mas, então, o que fazer? Vamos deixar o botão de "modo zumbi" apertado para o resto da vida porque não temos opção? Vamos ficar divagando em filosofias e murmúrios que não levam a nada? Vamos colocar todas as nossas fichas nas férias? Nas horas vagas? Ou vamos tentar mudar infinitamente de emprego até encontrar a vaga perfeita?

Se você também gostaria de ter uma relação muito diferente com o seu trabalho, está longe de estar sozinho. Todos adoramos as facilidades que a tecnologia nos proporciona, mas já deu para entender que se o nosso trabalho fosse um carro, certamente deveríamos escolher um modelo sem piloto automático. Vamos aprender juntos a desligar esse botão.

CAPÍTULO 2

O VAZIO QUE O TRABALHO NÃO PREENCHE

> **Você não passa a ser feliz perseguindo a felicidade. Você se torna feliz vivendo uma vida com significado.**

HAROLD KUSHNER[9]

---

9 KUSHNER, H. **Quando tudo não é o bastante**. São Paulo: Nobel, 1999.

A crise de meia-idade, já retratada em diversos filmes e séries, foi estudada e apresentada em 1957 pelo médico e psicanalista canadense Elliott Jaques.[10] Jaques observou que as pessoas, depois dos 35 anos, ficam, em sua grande maioria, deprimidas. Ele começou a identificar esse fenômeno estudando a vida de grandes artistas, nos quais uma forma extrema dessa crise era visível – confirmando depois com pacientes "comuns". Em geral, os sintomas da crise de meia-idade observados incluíam despertares religiosos, promiscuidade, uma súbita incapacidade de aproveitar a vida, "preocupação hipocondríaca com a saúde e a aparência" e "tentativas compulsivas" de permanecer jovem. Com certeza você conhece alguém com alguns desses sintomas, não é? O que Jaques percebeu é que, naquele momento, as pessoas se davam conta de que estavam mais próximas do fim da vida. A juventude tinha passado e dava lugar a dúvidas fortes: *O que aconteceu? O que fiz até agora?* Era como se até ali a vida tivesse sido uma subida, uma crescente de acontecimentos interessantes que, a partir de então, seriam substituídos por uma caminhada "ladeira abaixo". Pesado, não é?

· · ·

10 DRUCKERMAN, P. How the midlife crisis came to be. **The Atlantic**, 29 maio 2018. Disponível em: https://www.theatlantic.com/family/archive/2018/05/the-invention-of-the-midlife-crisis/561203/. Acesso em: 4 fev. 2022.

DÊ PROPÓSITO

Em 2017 essa noção de crise de meia-idade foi revisitada por pesquisadores das universidades de Warwick e Dartmouth, que chegaram à conclusão de que ela realmente existe – mas tem hora para acabar.[11] As pessoas enfrentam níveis maiores de infelicidade depois dos 30 anos, mas voltam a declarar felicidade após os 50. Parece haver um padrão aí. Pelo que os estudos apuraram, os nossos anos mais produtivos são justamente os mais infelizes. Isso pode ter a ver com as pressões sofridas para construir um patrimônio, mas é interessante pensar que são apresentados relatos de crise de meia-idade tanto por pessoas que sentem que conquistaram tudo o que queriam quanto por pessoas que acham que ainda não chegaram "lá" em suas vidas profissionais. Se esses questionamentos não são exclusivamente uma questão de "sucesso", o que são, então?

Entendi um pouco melhor esse assunto quando conheci um rapaz chamado Guilherme. Ele tinha um currículo interessante, trabalhava em uma agência de publicidade e conseguia um bom nível de sustento. Era dedicado e um bom profissional, mas vivia preocupado com o trabalho. Varava noites trabalhando e estava sempre correndo atrás das metas do negócio. Em uma dessas viradas noturnas para entregar uma nova propaganda para um cliente, Guilherme se estafou. Quando foi ao banheiro se arrumar para recomeçar o turno, olhou para o espelho e percebeu que estava com uma cara péssima.

• • •

11 LEBOWITZ, S.; KIERSZ, A. Your happiness might keep dropping all the way into your 50s – before a midlife crisis turns it around. **Business Insider**, 6 set. 2017. Disponível em: https://www.businessinsider.com/midlife-crisis-controversial-study-2017-9. Acesso em: 4 fev. 2022.

O VAZIO QUE O TRABALHO NÃO PREENCHE

Cansado, abatido, desgastado. Nesse momento, Guilherme se lembrou de que já estava nessa rotina há vinte anos. Pela sua cabeça passaram flashes da sua juventude. Lembrou de "como era feliz antes de começar a trabalhar". Fez as contas e percebeu que, na sua vida, já havia mais anos com trabalho do que sem ele. E que ainda tinha muitos anos para viver, mas que o relógio estava se movendo depressa demais. Nesse momento foi inevitável ele se perguntar: *Por que estou fazendo todo esse esforço, mesmo?*

Quando começamos a fazer esse balanço, surge uma ansiedade, uma sensação de que estamos desperdiçando algo muito valioso, uma tristeza de pensar que os bons momentos da juventude tiveram que ser trocados pelo pesado tempo que passamos trabalhando e de que ainda vamos passar mais vinte anos nesse mesmo esquema, mas sem tanta liberdade, sem a famosa "vida toda pela frente" para fazer novas escolhas.

Na verdade, essa não é uma preocupação apenas das pessoas que passaram a marca de idade dos "quatro ponto zero". Hoje vejo uma geração mais jovem que já entra no mercado de trabalho muito atenta a isso. Tanto os millennials quanto a geração Z já chegam às empresas com grande consciência sobre "trabalhar com propósito".

Recentemente visitei uma das maiores universidades de marketing do Brasil e o reitor me jogou um balde de água fria na cabeça com uma frase: "João, praticamente nenhum aluno da nossa graduação quer ser como você". Como assim? Se nenhum estudante de Propaganda quer ser o líder do marketing de uma das maiores marcas do país, o que eles desejam, então? O que ele estava querendo dizer é que a nova geração sonha mais em empreender do que em seguir

DÊ PROPÓSITO

carreira em uma grande empresa estabelecida. E a principal razão é porque eles têm a sensação de que em uma startup conseguirão fazer algo mais concreto para o bem das pessoas. Eles buscam sentir que estão aliviando uma dor, resolvendo um problema, criando uma solução nova para uma dificuldade antiga da sociedade. Obviamente tudo isso vem turbinado pelas possibilidades financeiras de ficar milionário criando um "unicórnio"[12] e apimentado pela ilusão de ser alguém inexperiente, que pode arriscar tudo no começo de carreira. Mas é como se esses estudantes já chegassem com um chip no qual os dilemas da crise da meia-idade já estão instalados e estivessem tentando buscar uma solução para a grande pergunta que nos fizemos até agora: *Como colocar mais propósito no meu trabalho?*

O GATILHO DA CRISE

O que faz acionar em você o mesmo gatilho que fez o Guilherme pensar na vida? Para mim, são momentos de retrospectiva. Sempre que tenho que lembrar o que aconteceu no último ano, a coisa pega. Quem já fez declaração de Imposto de Renda sabe do que estou falando. Quem já precisou escrever um discurso de despedida, também. Tenho compaixão pelos vendedores que precisam revisar todas as negociações que conseguiram fechar no ano para calcular suas comissões – é nessa hora que somos surpreendidos pelos "balanços" que

• • •

12 Termo criado em 2013 pela investidora de capital norte-americana Aileen Lee para startups avaliadas em mais de um bilhão de dólares. Ver: GAIATO, K. O que são startups unicórnio. **CanalTech**, 29 jul. 2021. Disponível em: https://canaltech.com.br/startup/o-que-sao-startups-unicornio. Acesso em: 4 fev. 2021.

O VAZIO QUE O TRABALHO NÃO PREENCHE

concluímos. Ter que listar tudo o que fizemos nos obriga a perceber como priorizamos as coisas na prática.

Sabe aquela famosa música da Simone, "Então é Natal",[13] que pergunta para as pessoas o que elas fizeram ao longo do ano? A gente poderia colocar como trilha sonora oficial das avaliações de desempenho de executivos, que talvez sejam o maior gatilho de crises de meia-idade entre os funcionários de empresas. Veja bem: você rala duro por doze meses seguidos para, no fim, ter todo o seu esforço extremamente resumido e simplificado em poucos números ou parágrafos e avaliado em um processo de comparação. É aí que muita gente se dá conta de que o ano passou voando e sequer deu tempo de perceber que está tudo rodando no piloto automático, que você fez um montão de coisas que não serviram para nada. O que realmente foi significativo? Você se empenhou naquilo que era importante de verdade?

Esse sempre foi um momento estranho para mim. Retrospectivas despertam sentimentos agridoces; uma combinação de orgulho com arrependimentos. Um festival de memórias de algumas coisas que trouxeram aprendizado e realização misturadas com muitas outras que deram um trabalho desproporcional, consumiram energia, causaram muito cansaço e que não necessariamente deveriam ter sido feitas. É uma lembrança de todos os pianos que carregamos: um maior, um menor, um redondo, um quadrado, um mais pesado, um mais leve, um preto, um branco, um colorido. Ao chegar no fim do ciclo, perguntamo-nos: *Valeu ou não valeu?*

• • •

13 ENTÃO é Natal. Intérprete: Simone. *In:* 25 de dezembro. Rio de Janeiro: PolyGram, 1995. Faixa 1.

@falajoaobranco

Você se empenhou naquilo que era importante de verdade?

O VAZIO QUE O TRABALHO NÃO PREENCHE

Grande parte das pessoas sente que está trabalhando demais, que não tem tempo para fazer as coisas que a preenche de significado. A sensação de "tenho um vazio que precisa ser preenchido, mas o trabalho não está dando conta do recado" as aflige diariamente. Elas sentem que precisam reavaliar suas ambições e referências para encontrar o sentido maior do trabalho. Porém não sabem como fazer isso. Tudo o que está por aí parece distante delas, algo que não dá para aplicar no dia a dia, e isso as desanima.

PROPÓSITO, PROPÓSITO, PROPÓSITO

Nos últimos anos estamos sendo bombardeados por essa palavra. Parece uma expressão mágica. Um dos livros que mais levantou essa bandeira foi o sucesso mundial *Comece pelo porquê*, de Simon Sinek.[14] O autor parte do princípio de que a maioria dos líderes e empresas comunicam muito bem "o quê" eles fazem e o "como" fazem, mas não o "porquê". E justamente o porquê era o que motivava as pessoas a consumirem o seu produto e os liderados a darem o melhor de si dentro da empresa. O êxito do livro indicou que o significado estava começando a entrar em pauta; um tema que antes estava muito restrito a discursos espirituais e livros de desenvolvimento pessoal estava agora sendo trazido para as empresas, para a carreira das pessoas. Entender o porquê de se fazer algo seria uma chave para ser feliz, para se ter sucesso, para conseguir se posicionar no mundo.

• • •

14 SINEK, S. **Comece pelo porquê**: como grandes líderes inspiraram pessoas e equipes a agir. Rio de Janeiro: Sextante, 2018.

DÊ PROPÓSITO

Desde então, parte da classe trabalhadora começou a tentar encontrar esse pote de ouro escondido, alguns outros procuraram em conselhos de gurus, outros em imersões mágicas com especialistas. E ainda há os que tentam encontrar seu propósito no Google. No Brasil, o interesse pela expressão "propósito" triplicou nas buscas on-line nos últimos três anos.[15] Essa corrida confirma uma situação importante: claramente temos um vazio dentro do peito. Queremos algo maior. Parece que o tanque do nosso carro tem um formato específico e ainda que a gente passe no posto de combustível para colocar gasolina, o tanque não fica totalmente cheio. Temos um buraco interior que não é plenamente preenchido por trabalho, promoções ou elogios dos chefes. Como diz o teólogo americano Timothy Keller: "o trabalho não consegue, por si só, dar significado à vida".[16] E assim que ouvimos a teoria do propósito, fomos imediatamente em busca dessa solução. Mas, no caminho, percebemos que existe uma diferença muito grande entre a teoria e a prática.

De que adianta ouvir que vivemos em um planeta com lindas cachoeiras se ficamos o dia inteiro trancados em um escritório? Qual a vantagem de perceber que temos asas se vivemos dentro de uma gaiola? Embora nos últimos anos exista uma grande conversa sobre propósito no mundo, o fato é que a maior parte das pessoas continua tendo uma rotina exaustiva de trabalho, e essa liberdade para

• • •

15 GOOGLE Trends: index médio de interesse pela expressão "propósito" no Brasil de 2020 e 2021 versus 2017. Disponível em: https://trends.google.com.br/trends/explore?date=all&geo=BR&q=prop%C3%B3sito.

16 KELLER, T. **Como integrar fé e trabalho:** nossa profissão a serviço do reino de Deus. São Paulo: Vida Nova, 2014. p. 98.

O VAZIO QUE O TRABALHO NÃO PREENCHE

aproveitar a vida externa fica apenas no mundo das ideias. Na vida real, elas se sentem escravas de um emprego que não as faz sentir felicidade. Com frequência, pensam assim: *se eu pudesse parar de trabalhar, finalmente conseguiria me dedicar a algo que me dá significado.* E quanto mais escutam falar a respeito de propósito, mais incomodadas ficam. Porque estão sendo provocadas quanto a algo que parece ser inalcançável.

Você já deve ter ouvido histórias de pessoas que tomaram decisões radicais para tentar resolver isso. Como a da Débora e a do Roberto, um querido casal que conheci há alguns anos. Ela era dentista, e ele era contador. Tinham uma vida estável e confortável, mas sentiam um incômodo, um desejo de buscar algo mais. Um dia, me surpreenderam contando que decidiram largar tudo e ir morar em uma região bastante pobre no meio do continente africano, fazendo ações sociais. Entendiam que precisavam fazer isso. Queriam fugir de um mundo cheio de pessoas desonestas, competições e futilidades e mergulhar de cabeça em uma vida dedicada à assistência dos necessitados. Essa decisão que eles tomaram mexe profundamente comigo até hoje. Em algumas pessoas (e em mim também), o desejo de viver "a vida certa" é tão grande que é capaz de mudar qualquer coisa de lugar. Esses amigos moraram por três anos na África. Fizeram muita diferença na vida das pessoas que ajudaram. Não pouparam esforços para fazer o que achavam que estava alinhado com o chamado que ouviram. Mas encontraram muitas dificuldades, e decidiram voltar. Perceberam que o mundo das instituições sociais sofria dos mesmos problemas que o mundo das suas profissões originais, tiveram momentos de um profundo sentimento de que estavam fazendo a coisa

DÊ PROPÓSITO

certa, mas também tiveram muitos dias de extrema decepção, a ponto de desistirem do plano. Enquanto isso, eu fiquei me perguntando: *Se nem eles conseguiram, como é que eu vou conseguir?*

ESSA TAL FELICIDADE

O instituto de pesquisas Ipsos faz anualmente um estudo quantitativo para entender o nível de felicidade das pessoas ao redor do nosso planeta. A pesquisa, chamada *Global Happiness*,[17] entrevista milhares de pessoas em 27 países. Na última edição, 63% das pessoas no mundo se declararam felizes. Apesar de parecermos um povo contente, nós, brasileiros, estamos exatamente nessa mesma média. Bem abaixo dos chineses, em que 93% da população se declara feliz, mas bem acima dos argentinos – apenas 43% dos "hermanos" parecem estar com um sorriso no rosto (os vizinhos peruanos estão em último lugar, com 32%, mas escolhi a comparação com os argentinos por questões de "Pelé fez mais gols que Maradona").

Brincadeiras à parte, essa é uma pesquisa instigante. Quando lemos o resultado acima, imediatamente nos perguntamos: *Mas o que é ser feliz para os chineses? O que os faz se acharem tão alegres?* A pesquisa também tenta investigar isso, pedindo para que os respondentes indiquem a razão de sua felicidade. A conclusão, vocês podem imaginar, é que os povos têm conceitos diferentes sobre o que os faz feliz. Em média, as maiores fontes de felicidade no mundo são:

• • •

17 BOYON, N. The state of happiness in a COVID world. **Ipsos**, 7 out. 2020. Disponível em: https://www.ipsos.com/en/global-happiness-study-2020. Acesso em: 4 fev. 2022.

Esta não é uma busca por sorrisos, mas por significado.

@falajoaobranco

DÊ PROPÓSITO

- Minha saúde e bem-estar físico;
- Meu relacionamento com meu(inha) parceiro(a);
- Meus filhos;
- Sentir que a minha vida tem significado;
- Minhas condições de vida (estrutura, alimentação, moradia).

E você, o que acha que lhe traz felicidade? O cantor Tim Maia provavelmente responderia com o refrão "eu só quero sossego",[18] enquanto os Titãs declamariam: "A gente não quer só comida, a gente quer comida, diversão e arte".[19] Cada um de nós tem uma visão sobre isso.

No Brasil, os participantes da pesquisa realmente responderam de modo diferente dos outros países. Confirmaram que os tópicos desse ranking são importantes, mas que damos um valor muito maior que o resto do mundo a dois temas especiais: ter um trabalho que seja significativo e o bem-estar religioso/espiritual. Quase dois em cada três brasileiros associam a felicidade a ter uma vida e um emprego com significado. Apenas por aqui esses itens são considerados tão importantes quanto os temas de família e filhos. Impressionante.

Essa discussão me remete diretamente ao interessante livro *Vivendo com propósitos*, de Ed René Kivitz. Nele, encontrei uma boa definição: "o propósito é a programação interior que me coloca em movimento em certa direção".[20]

• • •

18 SOSSEGO. Intérprete: Tim Maia. *In:* TIM Maia ao vivo. Rio de Janeiro: WEA, 1992. Faixa 5.

19 COMIDA. Intérprete: Titãs. *In:* TITÃS Acústico MTV. Rio de Janeiro: WEA, 1997. Faixa 1.

20 KIVITZ, E. R. **Vivendo com propósitos:** a resposta cristã para o sentido da vida. São Paulo: Mundo Cristão, 2006. p. 82.

O VAZIO QUE O TRABALHO NÃO PREENCHE

Também descobri ideias que podem nos ajudar a resolver nossos dilemas de trabalho versus felicidade. Mas o que é mesmo a felicidade? Essa é uma pergunta difícil de ser respondida. O primeiro impulso é de lembrar momentos em que sorrimos: o dia do casamento, a primeira vez que seguramos o filho no colo, a festa de formatura, o dia em que fomos promovidos, quando fizemos uma viagem legal. Momentos inesquecíveis de êxtase que deixam uma marca no coração. Mas até mesmo a pessoa mais sorridente da face da Terra tem que lidar com um fato: a gente se acostuma muito rápido com as coisas. Um aumento de 10% no salário causa uma alegria extrema por alguns minutos. Uma euforia de alguns dias. Mas em três meses já estamos reclamando do holerite e desejando um novo reajuste. Parafraseando Oscar Wilde, "neste mundo só há duas tragédias – uma é não conseguir o que se quer, a outra é conseguir".[21] Essas sensações positivas são temporárias e, no fundo, todo mundo sabe que se a gente depender de boas notícias todo dia para ser feliz ou de não ter más notícias, estamos lascados. Se essa for a regra do jogo, nunca seremos felizes.

"Aprendi que a vida não consiste em poucos grandes momentos, mas sim em milhares de pequenos momentos aos quais emprestamos significado", completa Kivitz. A verdadeira felicidade, o autor explica, não depende de boas notícias, mas de aprofundarmos o processo que leva a elas: é o romance que vai ficando mais íntimo, é aprender alguma coisa todos

• • •

21 In this world there are only two tragedies. One is not getting what one wants, and the other is getting it. (Tradução livre.) In: WILDE, O. **Lady Windermere's fan**. The Project Gutenberg, 2002. 10. ed. Disponível em: http://www.dominiopublico.gov.br/download/texto/gu000790.pdf. Acesso em: 24 fev. 2022. [e-book].

DÊ PROPÓSITO

os dias, é ter uma vida em família com crianças – que sempre têm uma novidade para mostrar, uma nova habilidade para nos surpreender, ou até um abraço sincero. A felicidade está aí, nos milhões de pequenos momentos significativos da vida. Tem mais a ver com a maneira como vamos do que com o lugar aonde chegamos. A felicidade é mais o caminho que o destino. É mais o "como estou indo", "para que estou indo", "por quê estou indo" e menos o "é ali que tenho que chegar".

Estudos comprovaram que existe uma relação entre sensação de felicidade e nível social, mas que as pessoas que se declaram as mais felizes não são as mais ricas.[22] Há algo mais.

No fundo, essa não é uma busca por sorrisos, mas por satisfação. Não é uma busca por menos momentos doloridos, mas por preenchimento. Nosso maior medo não é morrer sem ter tido boas notícias, é morrer sem saber para que vivemos. Não estamos à procura de felicidade, estamos necessitados de significado, inclusive nas muitas horas em que estamos exercendo a nossa profissão.

Para que estamos trabalhando? Qual é o significado que estamos dando ao tempo que gastamos em troca de salário? Quais são as nossas ambições?

Agora estamos chegando a um ponto crítico desta jornada.

• • •

22 COOK, G. The dark side of happiness. **Boston Globe**, 16 out. 2011. Disponível em: https://www3.bostonglobe.com/ideas/2011/10/16/dark-side-happiness/KZLUM1rKqMqhEGGO6yelml/story.html?arc404=true. Acesso em: 8 fev. 2022.

CAPÍTULO 3

O QUE É
SUCESSO?

❝

Também descobri por que as pessoas se esforçam tanto para ter sucesso no seu trabalho: é porque elas querem ser mais do que os outros.

❞

SALOMÃO[23]

23 Eclesiastes 4:4

Pense em uma pessoa que tem muito sucesso no trabalho, mas muito sucesso mesmo. Quem é a pessoa mais bem-sucedida que você conhece? Não precisa divagar muito, diga rapidamente um nome que vem à sua cabeça.

Normalmente pensamos primeiro em pessoas muito ricas, famosas ou poderosas. Sempre que faço essa pergunta em palestras, surgem nomes como Silvio Santos, Beyoncé, Mark Zuckerberg, Barack Obama, Elon Musk, Luiza Helena Trajano, Michael Phelps ou Meryl Streep. Isso revela que nosso entendimento de sucesso tem uma ligação muito profunda com crescer rapidamente na carreira, sair em capas de revistas, ganhar medalhas, ser poderoso ou ter muitos seguidores em redes sociais. Mas será que isso é sucesso de verdade?

Talvez você tenha lembrado de pessoas diferentes. Pode ter pensado nos seus pais, em um empreendedor ou em uma pessoa com quem você já trabalhou e é mais acessível do que alguém dessa lista. De qualquer forma, você está indiretamente me contando o que significa ser bem-sucedido, no seu ponto de vista, com esses exemplos. No fundo, essas pessoas servem de modelos, e quando você tenta ter sucesso, tenta ficar parecido com elas.

DÊ PROPÓSITO

Segundo o dicionário, "sucesso" significa: êxito, resultado positivo, que é bem-sucedido.[24] De alguma maneira, estamos falando daquela situação onde você vai se sentir realizado. A linha que você vai cruzar e ter a sensação de que "chegou lá". Mas... onde fica "lá"? É uma conta bancária com saldo de mais de sete dígitos? Uma casa própria? Um prêmio internacional? Um iate? A verdade é que para cada um de nós existe um lá. Para uns é conseguir ficar o dia inteiro de cueca em casa sem precisar fazer esforço antes de completar 50 anos. Para outros, é o reconhecimento público, estar na capa de uma revista, conquistar uma medalha de ouro nos jogos olímpicos, receber um prêmio Nobel. E você? O que está buscando? Atrás do que está correndo?

Esses dias conheci uma menininha muito esperta chamada Juliana. No auge dos seus 13 anos, me disse cheia de convicção: "o dia que eu conseguir juntar 1 milhão de dólares, paro de trabalhar". Ela deve ter tirado essa conclusão observando algo em seus pais ou amigos por aí. A pequena Ju não está sozinha. Muita gente pensa como ela.

E SE VOCÊ GANHASSE 100 MILHÕES DE REAIS?

Todo mundo já se pegou pensando sobre o que faria com um prêmio de loteria. Eu não sou do grupo que faz apostas, mas reconheço que a Mega-Sena acumulada mexe com o imaginário das pessoas. Uma vez um colega de trabalho veio se despedir para a pausa de fim de ano e me falou assim:

• • •

24 SUCESSO. In: DICIONÁRIO Caldas Aulete da língua portuguesa. Rio de Janeiro: Lexikon, 2019. Disponível em: http://www.aulete.com.br/sucesso. Acesso em: 6 mar. 2022.

O QUE É SUCESSO?

"João, me deixa te dar um forte abraço e te dizer que foi muito legal trabalhar com você, porque se eu ganhar essa bolada, não vou voltar nem para entregar o crachá". E você, o que faria se amanhã aparecessem cem milhões de reais na sua conta?

Fazer um ensaio mental dessa situação talvez seja o modo mais sincero de entender como você se sente sobre o seu trabalho. Achei esse exercício tão intrigante que quis investigá-lo mais a fundo. No ano de 2021, com a ajuda do instituto de pesquisa Provokers, entrevistamos 904 trabalhadores brasileiros, de todas as áreas de atuação e regiões do país.[25] Perguntamos: "Se você ganhasse 100 milhões de reais, o que faria: continuaria no trabalho atual, pararia de trabalhar ou mudaria de trabalho?". As respostas foram assim:

- **56% sairiam do trabalho atual**, sendo que, desses, 30% mudariam de trabalho enquanto 26% parariam de trabalhar e apenas aproveitariam o dinheiro que ganhassem;
- Em contrapartida, **44% disseram que continuariam no trabalho atual**, mesmo com todo esse dinheiro na conta.

Fiz a mesma pergunta no meu perfil do LinkedIn e tive mais de 15 mil participações, confirmando a direção dos resultados.[26] Isso significa que a maioria das pessoas, se ganhasse

• • •

25 BRANCO, J. Se você ganhasse R$ 100 milhões, continuaria trabalhando? **UOL Economia**, 31 mar. 2021. Disponível em: https://economia.uol.com.br/colunas/joao-branco/2021/03/31/se-voce-ganhasse-r100-milhoes-continuaria-trabalhando.htm. Acesso em: 24 fev. 2022.

26 JOÃO BRANCO. [**Já parou pra pensar nisso?**]. jan. 2021. LinkedIn: falajoaobranco. Disponível em: https://www.linkedin.com/posts/falajoaobranco_j%C3%A1-parou-pra-pensar-nisso-quero-saber-sua-activity-678190 1754800857089-vwgo. Acesso em: 24 fev. 2022.

DÊ PROPÓSITO

uma fortuna, abandonaria imediatamente o seu emprego. Mas, surpreendentemente, também significa que a maior parte dos trabalhadores brasileiros não pararia de trabalhar, mesmo com uma poupança milionária. Que curioso. O problema não é trabalhar, é o trabalho atual.

No fundo, sabemos que a profissão é uma bênção. Ela só não está conseguindo ser uma bênção completa hoje, nesse contexto, com esse chefe chato, esse cliente caloteiro, essa remuneração ou esse clima negativo na equipe. Algo está azedando o doce, para a maioria das pessoas.

Nessa mesma pesquisa, orientamos os entrevistados a escolherem uma expressão que representasse melhor o seu trabalho atual, entre essas duas opções:

1. "O meu trabalho é um lugar onde empresto minhas habilidades e conhecimento em troca de renda."
2. "O meu trabalho é um lugar onde eu cumpro uma missão, que tem um propósito mais elevado."

A essa altura fica fácil adivinhar o resultado: dois em cada três brasileiros escolheram a primeira opção. Apenas um terço dos entrevistados vê o seu trabalho atual como algo que vai além da troca de mão de obra por renda.

Vamos seguir nessa reflexão e fazer uma brincadeira aqui entre nós. Imagine agora que um gênio da lâmpada apareceu e o deixou escolher um desejo relacionado ao seu trabalho. Ele lhe deu uma lista com as dez opções a seguir. Pense bem, você pode escolher qualquer uma delas, mas apenas uma, e terá que abrir mão das outras.

O QUE É SUCESSO?

1. Só trabalhar com o que gosto;
2. Fazer algo que impacte positivamente a minha geração;
3. Passar mais tempo com a minha família do que trabalhando;
4. Ser uma referência mundial na minha área de atuação;
5. Ficar bilionário;
6. Sempre trabalhar por um propósito maior;
7. Aposentar-me jovem;
8. Ficar muito famoso;
9. Sempre ter chefes e clientes legais;
10. Falir meu concorrente.

Qual você escolheria? É um exercício para pensar no que você prefere, o que é prioridade. Relembrando as regras: nessa simulação você pode escolher "só trabalhar com o que gosta", mas terá que desistir de "ficar muito famoso". Pode também decidir "se aposentar jovem", mas terá que sacrificar o "tempo com a família". E agora, qual é o desejo que você escolherá?

Fizemos essa mesma pergunta na pesquisa que mencionei acima. Esse foi o ranking das cinco alternativas mais escolhidas: "ficar bilionário" (25%), "fazer algo que impacte positivamente a minha geração" (20%), "passar mais tempo com a minha família do que trabalhando" (16%), "ser uma referência mundial na minha área de atuação" (15%) e "só trabalhar com o que gosto" (11%).

O desejo pela fortuna ficou em primeiro lugar. Isso significa que muita gente topa fazer altos sacrifícios desde que consiga ficar muito rico. Quando o assunto é trabalho, o dinheiro é mesmo um fator muito importante, talvez o mais importante.

@falajoaobranco

Nossas ambições não são desejos alimentados só por nossos gostos.

O QUE É SUCESSO?

Quase todos os entrevistados abriram mão de ter chefes legais (1%), ficar famoso (1%) ou se aposentar cedo (3%). E 9% priorizaram trabalhar sempre com um propósito maior.

Essa pesquisa prova que, no fundo, a definição de sucesso para grande parte de nós está relacionada aos cifrões financeiros. Parece ser nessa direção que a maioria dos trabalhadores está correndo.

A HISTÓRIA QUE O SEU CURRÍCULO CONTA

Você já fez um currículo? Para os empregados no mundo corporativo, conseguir um novo emprego passa por ter esse "documento mágico". Uma folha de papel que resume o seu potencial. Um passaporte para o mundo das pessoas contratadas.

Pela quantidade de gente que vende serviços de assessoria para isso, imagino que fazer um bom currículo seja visto como uma tarefa chata ou até difícil. Se você teve que atualizar o seu recentemente, sabe do que estou falando.

Vou fazer uma confissão: gosto de ver como as outras pessoas fazem o seu resumo – ou *résumé*, como é chamado esse documento em inglês. Sou um usuário assíduo do LinkedIn (se você ainda não me segue, resolva esse problema agora mesmo: meu perfil é o falajoaobranco) e adoro consultar perfis interessantes. Não faço isso por "vouyerismo". Faço porque, no fim das contas, isso vale por uma aula de Marketing avançado. É como assistir ao intervalo comercial do Super Bowl – o jogo final do campeonato de futebol americano, que tem o valor comercial mais alto do mundo para

DÊ PROPÓSITO

a divulgação de uma publicidade – só que, nesse caso, em vez de ver propagandas de produtos e serviços, eu assisto às pessoas vendendo a si mesmas para possíveis vagas. O meme que rola por aí é que no LinkedIn todo mundo é *head* (líder). É a rede social na qual o sucesso escorre pela tela. De certa forma, eu também estou lá vendendo o meu peixe – e capricho nisso!

Assim como na arte da sedução romântica, quando você quer chamar a atenção de outra pessoa, você mostra suas principais qualidades. O rapaz fortão vai para a balada de roupa justa, a moça dançarina vai para a pista mostrar seu rebolado, o engraçadinho sussurra comentários divertidos ao pé do ouvido. Nenhum desses chega com uma camiseta escrito "tenho chulé". O mesmo princípio vale para os nossos currículos. Neles, somos um foguete em forma de pessoa. Os CVs mais impressionantes são aqueles que incluem uma sequência fantástica de rápidas promoções, conquistas histó-ricas e reconhecimentos. Mostramos que somos capazes de liderar projetos importantes, que frequentemente temos ideias geniais e que falamos outros idiomas.

Mas esse processo tem uma etapa crítica: pensar como o seu currículo vai chamar a atenção do entrevistador entre o dos outros candidatos. E, nesse processo, elaborar o seu CV sem-pre acaba com uma comparação da sua trajetória versus a dos outros profissionais. Você tem que resumir em uma ou duas páginas tudo o que fez na vida e mostrar que é a pessoa que tem mais potencial, esse é o objetivo. E assim vamos enchendo os parágrafos de autoelogios, qualificações e medalhas.

É nesse momento que quero ativar um sininho que temos escondido no cérebro e que nos faz lembrar que um dia todos

O QUE É SUCESSO?

vamos parar de trabalhar. A verdade é que, seja por opção ou não, vai chegar a hora em que nossas botas serão penduradas. E, daí para frente, ficaremos apenas com a lembrança de como foi a experiência de ter trabalhado. No dia que isso acontecer, qual é o currículo que você gostaria de ter construído? Qual é o resumo que você realmente gostaria de fazer sobre a sua carreira?

Acredito que a essa altura já não precisaremos mais impressionar ninguém. Não será mais necessário embelezar as conquistas nem usar adjetivos especiais, só vamos querer uma coisa: estar contentes com as nossas memórias.

Quem está buscando um primeiro emprego normalmente fica envergonhado por ter um currículo muito vazio. É um sentimento forte de que aquela folha deveria estar mais completa, com coisas importantes. Ouso dizer que há pessoas que trabalharam por cinquenta anos e que, ao olhar para o próprio histórico, ficam com a mesma sensação. O currículo está cheio de promoções, conquistas e cursos. Está entranhado daquilo que, ao longo do tempo, parecia ser sucesso. Mas... e as coisas que realmente importam?[27]

Seu currículo tem tudo a ver com a sua definição de sucesso, com a escolha do que você busca na sua carreira, com o que quer construir. É aqui que está a raiz dos problemas. Veja bem: é totalmente razoável que, em um processo de seleção, você busque mostrar claramente as suas qualidades. Não é esse o ponto. Mas existe uma outra versão do seu currículo

• • •

27 Adaptado de BRANCO, J. A melhor versão do seu currículo. **Forbes**, 17 set. 2021. Disponível em: https://forbes.com.br/colunas/2021/09/joao-branco-a-melhor-versao-do-seu-curriculo/. Acesso em: 16 fev. 2022.

DÊ PROPÓSITO

para você ter guardada com você mesmo, a melhor versão dele. Aquela que vamos querer contar para os nossos netos quando eles nos perguntarem como foram os nossos anos de trabalho, ou a que vamos mostrar para a nossa consciência antes de dormir.

O currículo conta a história da sua corrida. E mostra atrás do que você estava correndo. Qual é a sua história?

COMO DEFINIMOS SUCESSO?

Como um marketeiro profissional, posso afirmar a você com toda a certeza do mundo: nossos desejos são influenciados o tempo todo. Se ninguém nunca tivesse me contado que o ouro é tão raro, será que eu desejaria tanto um anel amarelado? Se você não soubesse que salmão custa tão caro, teria o mesmo apreço por ele? Desde a nossa infância vamos criando um banco de referências. São instruções sobre o que é bonito e o que é feio, o que é prático e o que é complicado, o que é barato e o que é caro, o que é sucesso e o que é fracasso. Nossas percepções, conceitos e ambições são altamente influenciados pelo que vemos e ouvimos por aí. O carro do cunhado, a grama do vizinho, a roupa da prima, o emprego da tia, o abdômen sarado do ex-namorado da sua esposa. Cada vez que nos deparamos com essas coisas, fazemos uma comparação imediata.

Isso exerce uma pressão sobre nós porque está em toda parte: os *talk shows* só entrevistam pessoas que "deram certo" na vida, as capas de revista fazem um ranking das pessoas que ficaram ricas mais jovens. E aquele livro bem vendido? A sua capa diz assim: "Sonhe grande". Os posts com carrões de luxo geram muitas curtidas. E quando você abre a rede social

O QUE É SUCESSO?

aparece um anúncio que diz: "Não seja um fracassado! Aprenda a ganhar dinheiro em três passos simples agora mesmo". O tempo todo essas coisas estão gritando para o nosso cérebro: "Isso é legal, você deveria querer também".

Nós crescemos influenciados por modelos e referências do que parecem ser pessoas felizes e realizadas. São padrões que servem de base de comparação e que nos incentivam a priorizar as conquistas materiais e a ver no trabalho o lugar no qual supostamente alcançamos esse patamar, que também vem acompanhado de status e reconhecimento. É interessante notar que essas comparações nem sempre são neutras. Vamos a um caso prático: como você define o que é ser rico ou ser pobre? O Juarez, por exemplo, é um vendedor que ganha 4 mil reais por mês. Sua esposa, Mariana, é manicure e ganha outros 4 mil mensais. Se perguntados, o casal com certeza vai dizer que não é rico. Mas, segundo o IBGE,[28] de cada dez brasileiros, nove ganham menos que eles. Vivemos em um país onde 70% da população tem renda inferior a 2 mil reais por mês. Nesse contexto, o Juarez é rico ou não? O ponto é que, no dia a dia, ele vende produtos para clientes endinheirados e convive com outros funcionários da empresa que têm cargos mais altos. A Mariana atende mulheres que andam com bolsas que custam dois meses do seu salário. E tudo isso dá a eles a sensação de que não têm um alto padrão. Fazemos comparações viesadas assim o tempo todo, atualizando nossas referências.

• • •

28 IBGE. Rendimento de todas as fontes 2019. **Pesquisa Nacional por Amostra de Domicílios Contínua 2020**. Disponível em: https://biblioteca.ibge. gov.br/visualizacao/livros/liv101709_informativo.pdf. Acesso em: 16 fev. 2022.

DÊ PROPÓSITO

Eu me achava magro até ver a "barriga negativa" daquela influenciadora. Eu achava o meu relógio bonitão até ver o modelo novo daquele ator na novela. Eu me achava rico até chegar aquela nova família abastada no condomínio. Eu achava que tinha um bom salário até encontrar as pessoas que estudaram comigo na faculdade e descobrir que várias estão em cargos mais altos que o meu. Então já não estou mais satisfeito, não me considero bem-sucedido. Aqui está o ponto central da questão: se a minha definição de sucesso muda de acordo com o que vejo e os padrões de riqueza dos outros, minha busca vira um jogo de soma zero. Vira uma corrida na qual apenas um pode ser o vencedor, mas que acaba sem ganhador. Mesmo sem perceber, nossas ambições não são desejos alimentados só por nossos gostos. É difícil assumir isso, mas a verdade é que os nossos padrões são estabelecidos em comparações e, por extensão, a nossa definição de sucesso também.

Repito aqui a epígrafe desse capítulo, a fala do rei mais sábio que já existiu quando constatou, no fim da sua vida: "Também descobri por que as pessoas se esforçam tanto para ter sucesso no seu trabalho: é porque elas querem ser mais do que os outros".[29]

Querer "chegar lá", na maioria das vezes, significa querer "chegar na frente dos demais". Sei que essa verdade dói nos ouvidos e que não queremos admitir, mas se você quer mudar a sua relação com o trabalho, isso passa por reconhecer a real origem das suas definições de sucesso profissional. Mudar o que você vai alcançar começa por entender o que está buscando construir na carreira.

• • •

29 Eclesiastes 4:4

O QUE É SUCESSO?

DIGA-ME COM O QUE TRABALHAS E EU (NÃO) TE DIREI QUEM ÉS

"Você trabalha com o quê?" Essa foi a primeira pergunta que o Fábio recebeu quando foi conhecer os pais de sua namorada. Também foi a primeira questão que a Marisa teve que responder quando foi pedir um visto para viajar para a América do Norte. E é o tema mais comum para um início de conversa em uma confraternização. Não estamos apenas puxando um assunto aleatório. Queremos ir direto ao ponto: "Afinal, quem é você?". "Eu **sou** atendente de telemarketing", "eu **sou** cirurgiã", "eu **sou** professor de Educação Física", "eu **sou** estilista". Dependendo da resposta que recebemos, formamos imediatamente uma imagem. Identificamos as pessoas de acordo com a atividade que exercem, confundindo o que somos com o que fazemos no momento. A nossa identidade se associa tanto à profissão que acabamos escolhendo a área de trabalho pela imagem que ela passará. E assim os trabalhos "da moda" ganham muitos adeptos. Pensamos: *O que meus vizinhos vão achar de mim quando souberem que eu trabalho com isso?* E: *Como ficarei conhecido quando me virem trabalhando?* Mas temos que tomar um cuidado importante: lembrar que nós não somos o nosso trabalho.[30] Saber que você é um médico, por exemplo, não me diz quem você é de verdade. Existem médicos bons e médicos ruins, sensíveis e insensíveis, doutores honestos e desonestos. Se eu quiser perceber os seus valores, devo prestar atenção em

• • •

30 Adaptado de RAYNOR, J. **Chamados para criar**: um convite bíblico para criar, inovar e arriscar. São Paulo: The Pilgrim, 2020. In: TRABALHO COM DEUS. [**"Você trabalha com quê?"**]. 13 out. 2020. Instagram: trabalhocomdeus. Disponível em: https://www.instagram.com/p/CGSn57-j4NT/. Acesso em: 24 fev. 2022.

DÊ PROPÓSITO

como você atua como médico – aí sim terei pistas melhores. O que estou querendo dizer é que **a forma como você trabalha diz mais sobre quem você é do que o título do seu cargo**. Porque é ali que os seus princípios podem ser percebidos.

Essa é apenas mais uma prova de que vivemos no mundo das comparações e das referências preestabelecidas. Como se todos os desembargadores fossem pessoas de maior valor, todos os influenciadores com mais de um milhão de seguidores fossem pessoas carismáticas e todos os engenheiros fossem mais inteligentes que os demais. Todos os que fazem grandes doações para caridade são generosos, todos os ricos são bem-sucedidos e apenas os que têm grandes ambições são capazes de grandes conquistas. Nada disso é verdade.

A falta de significado no dia a dia nasce quando definimos o que é sucesso de uma forma equivocada. Não se sinta culpado por isso neste momento, porque a verdade é que você não definiu isso sozinho. Você recolheu informações de todos os lugares que pôde e recebeu muitos estímulos para ser mais bem-sucedido que os outros. Quando o vestibular permite que apenas os cem primeiros estudantes entrem em uma graduação disputada, está dizendo que você não apenas precisa estudar muito, mas que precisa performar melhor que os outros. É a mesma mensagem que vemos quando assistimos apenas aos três primeiros pilotos na corrida de Fórmula 1 no pódio ou quando lemos o famoso livro dos recordes ou quando sai o ranking das mulheres mais poderosas do ano. É tudo uma comparação, uma disputa de quem "é mais" – e sentimos que só quem chega lá é que teve sucesso. Ou você já viu por aí uma lista de destaque das pessoas mais "sem influência" do Brasil?

A forma como você trabalha diz mais sobre quem você é do que o título do seu cargo.

@falajoaobranco

DÊ PROPÓSITO

Esse conjunto de estímulos se junta ao discurso do "tudo é possível se você for determinado" e coloca nas suas mãos todo o controle. Para você ser melhor que os outros, basta querer e se dedicar. Isso não apenas está inflando a sua autoconfiança (que pode até ser algo positivo, na medida certa) mas está também pressionando-o contra a parede.

Cuidado. Muito cuidado com o que você define como felicidade – o que o satisfaz – e o que você define como sucesso.

Eu não sou contra histórias bonitas, muito pelo contrário, elas nos inspiram, nos fazem acreditar, nos ajudam a ir além. Elas nos fazem querer conhecer coisas novas. Mas há uma linha tênue aí: uma coisa é despertar o nosso melhor, outra é pilhar o nosso lado ultracompetitivo. Uma coisa é nos tirar da zona de conforto e nos encantar com novas possibilidades, outra é nos impedir de ficar contente com algo muito bom apenas porque o vizinho está com algo melhor.

É muito difícil assumir que, no fundo, estamos nos matando de trabalhar para sentir que vencemos em relação às pessoas que conhecemos. É horrível admitir que no fundo você está competindo com a sua cunhada, que está pensando no carro da sua vizinha, que não pode ter um apartamento menor que o do seu colega de trabalho, que quer ostentar uma roupa, uma bolsa, um relógio. Nós odiamos nos ver nesse lugar de querer mostrar, tão mesquinho, mas é uma reflexão que passa pelo nosso caminho da felicidade: para onde eu estou olhando? Para quem? Por que isso significa tanto para mim?

O que é a fotografia do sucesso na sua vida? Que vida você leva quando tem sucesso – e talvez a conclusão seja de que o sucesso não está tão distante assim de você. Talvez "lá" seja logo "ali". Mas isso é tema para o próximo capítulo.

CAPÍTULO 4

NÃO SONHE GRANDE, SONHE ALTO

> *Para ele, o sucesso tem menos a ver com o dinheiro que você ganha e mais com a diferença que você faz na vida de outras pessoas.*

MICHELLE OBAMA, SOBRE BARACK OBAMA[31]

---

31 [...] for Barack, success isn't about how much money you make, it's about the difference you make in people's lives. (Tradução livre.) In: LEWIS, W. Michelle Obama inspires tears: "success isn't how much money you make but how much of a difference you make in people's lives." **Elephant Journal**, 5 set. 2012. Disponível em: https://www.elephantjournal.com/2012/09/michelle-obama-inspires-tears-success-isnt-how-much-money-you-make-but-how-much-of-a-difference-you-make-in-peoples-lives/. Acesso em: 24 fev. 2022.

Era uma vez um garfo. Todos os dias ele fazia o mesmo trabalho: levar arroz e feijão para lá e para cá. Na hora do almoço, era retirado da gaveta, cumpria essa função de "carreto de comida", tomava um "banho" na pia e ficava no escorredor esperando o próximo turno. De lá, conseguia olhar para os outros objetos que estavam no ambiente. Via, por exemplo, a boia inflável de natação, pendurada na parede, que salvava a vida das crianças. Devia ser muito bom ser aquela boia e cumprir um papel tão importante, ele pensava. O garfo também se comparava com o telefone celular, um objeto pequenininho, mas que recebia atenção o dia inteiro das pessoas. Elas passavam longas horas olhando para o aparelho, batiam os dedos na tela freneticamente, compravam coisas, assistiam vídeos engraçados, jogavam joguinhos e, às vezes, até falavam com amigos em uma ligação. Na casa também havia uma cartelinha de remédios – uma simples pastilha de "farinha" que parecia ter um poder mágico para curar dores de cabeça. Uau, quantas funções importantes estão sendo cumpridas ao redor. Olhando para os outros objetos, o garfo se sentia apenas... um mero garfo. Que coisa mais sem graça, sem nobreza, sem reconhecimento. *Esse servicinho chato de transportar farofa nunca vai ser mais valorizado que os outros.*

DÊ PROPÓSITO

Esse pensamento deixava o garfinho preocupado, em uma crise existencial. Pensava o dia inteiro que seu trabalho não servia para nada e que nunca teria sucesso como os outros apetrechos, que viviam grandes aventuras, eram usados o tempo todo ou eram essenciais.

Você já se sentiu como esse garfo? Eu já. E descobri que não estou sozinho. Neste exato momento há uma multidão de trabalhadores que olham para a própria atividade profissional com essa mesma sensação. São pessoas que ficam falando para si coisas que as deixam em dúvida sobre o real valor do que fazem e da sua vida. Aprendi com o livro *A surpreendente ciência do sucesso*, de Eric Barker,[32] que dizemos entre trezentas e mil palavras por minuto para nós mesmos em nossas mentes. Estamos o tempo todo conversando com a nossa consciência. Contando histórias, interpretando a realidade, processando informações. E isso muda o nosso humor, nossos sentimentos e nossas ações. Talvez seja por isso que existe um conselho tão impactante registrado na Bíblia: "Tenha cuidado com o que você pensa, pois a sua vida é dirigida pelos seus pensamentos".[33]

O fato é que as histórias que contamos para nós mesmos são capazes de nos encher de motivação ou nos deprimir profundamente. Nossa mente tem essa capacidade. Fiquei chocado quando assisti ao documentário *Arremesso final*, na Netflix, sobre a carreira do maior jogador de basquete da história. Michael Jordan foi campeão da NBA por seis anos.

• • •

32 BARKER, E. **A surpreendente ciência do sucesso:** por que (quase) tudo que você sabe sobre ser bem-sucedido está errado. Rio de Janeiro: Sextante, 2020.

33 Provérbios 4:23

NÃO SONHE GRANDE, SONHE ALTO

Além da habilidade física ímpar, a dedicação extrema e os treinamentos, Jordan revela que "brincava" com seus pensamentos. Em determinada situação, convenceu-se de que um competidor tinha feito algo ruim para ele, apenas para aguçar ainda mais o seu espírito competitivo e despertar uma ação mais agressiva no jogo. Era uma fantasia, uma mentira inventada apenas para programar o cérebro para o "nível hard". Se você duvida que isso funciona, quero lhe convidar para uma simulação aqui.

Dê uma relaxada rápida e vamos fazer um exercício. Pense na sua língua. Ela está parada nesse momento, dentro da sua boca. Ela apenas está em modo de espera, aguardando por algo que virá. Ela não se mexe, mas está pronta para a ação. Imagine que você está abrindo a sua boca e que um copo com limão espremido está se aproximando da sua boca. Você está agora pegando um conta-gotas e com ele captura alguns mililitros de suco puro de limão. Esse líquido está super azedo, extremamente ácido. Agora você está despejando lentamente gotas do limão na sua língua. Você sente as gotas escorrerem por ela. Concentre-se e pense nessa cena como se ela estivesse acontecendo de verdade. Limão puro batendo na sua língua.

Conseguiu imaginar? Aposto que você salivou. Esse é um exemplo usado em cursos sobre o poder da mente, e prova que o nosso cérebro tem uma capacidade imaginativa tão forte a ponto de fazer algo irreal gerar consequências reais. Quando vemos alguém feliz, tendemos a despertar sentimentos alegres. Quando vemos pessoas chorando, sentimos gosto de lágrima na boca. Quando assistimos a um vídeo com alguém tomando um tombo horrível, parece que sentimos dor

DÊ PROPÓSITO

junto com o acidentado. É o nosso cérebro achando que isso está acontecendo de verdade. O exemplo do suco de limão prova que isso também vale para o que imaginamos. Ou para o que sonhamos.

Pesquisas apontam que "sonhamos acordados" cerca de 2 mil sonhos todos os dias.[34] Imaginamos sobre relacionamentos, viagens, amigos e carreira. Estamos nos convencendo de que estamos no caminho certo ou errado, que estamos desejando coisas, vislumbrando possibilidades – e despertando ações.

O mercado sabe disso e também sabe que quando conseguimos despertar imaginações positivas, nos sentimos bem. Especialmente nós, brasileiros, que temos o otimismo impresso em nossa cultura. Eu trabalho com marketing há vinte anos e já fiz centenas de pesquisas de mercado. Em todas elas, as avaliações que os brasileiros fizeram de qualquer novidade que pretendíamos lançar por aqui foi mais positiva do que em outros países. A gente gosta de concordar, elogiar, se encantar. E também gosta de ouvir palavras de afirmação, de motivação, aplausos. A gente se emociona quando alguém olha nos nossos olhos e diz com muita convicção: "você vai conseguir". A gente se anima quando alguém pega na nossa mão e fala: "basta acreditar".

Como há muitos garfinhos precisando ser encorajados por aí, proliferou-se o discurso do "sonhe grande". Por um lado, é uma forma de fazer o garfo mudar os próprios pensamentos e atitudes, mas, por outro, é uma perigosa dose de veneno.

• • •

34 BARKER, E. op. cit. p. 85.

SONHAR GRANDE NÃO TRAZ FELICIDADE

Eu não acho que você deva sonhar grande por uma única razão: a palavra "grande".

Qual é o tipo de sonho de quem sonha assim? Grande remete a escala, a tamanho, a quantidade. A uma dimensão horizontal, uma área a ser ocupada. Sonhar grande, em geral, implica em imaginar um cenário no qual você conquista muitas coisas e ganha a disputa pelos recursos limitados. Indiretamente, sonhar grande o leva às mesmas comparações do capítulo anterior, uma corrida que nunca vai terminar. Quem sonha grande não consegue se contentar com um apartamento legal, precisa ter uma mansão; quem sonha grande não fica feliz em comprar um caminhão novo, precisa ter uma frota.

"A zona de conforto é o lugar dos fracassados", "se você não conquistou, é porque não desejou de verdade", "sonhar grande e sonhar pequeno dá o mesmo trabalho", "você é do tamanho dos seus sonhos"... Você já ouviu alguma dessas frases? Aposto que sim. São exemplos de bravatas usadas para nos fazer "pensar positivo" e imaginar conquistas, a mesma imaginação que usamos no suco de limão. São narrativas usadas para fazer com que você visualize um oásis no deserto, um lugar de destaque no pódio. Isso gera em seu organismo uma pequena dose de sensação de vitória, assim como a sua língua salivou no exercício, e cria uma referência, estabelece o padrão do que é sucesso, determina qual é o mínimo aceitável para que você possa se dizer feliz – como se a sensação de realização só estivesse nisso.

Alerta vermelho: se este livro tivesse uma trilha sonora, este seria o momento de soar a sirene alta. Essa é uma zona de

DÊ PROPÓSITO

extremo perigo. Cair na tentação de se impor sonhos grandes demais traz no combo um efeito colateral: a criação de expectativas que, provavelmente, nunca serão satisfeitas. Desculpe o balde de água fria, não estou dizendo que não acredito no seu potencial, estou apenas sendo realista. Sonhar grande implica projetar um futuro e viver em função de uma meta que quase sempre está relacionada a ter muitos bens, muitas conquistas, ter mais do que as outras pessoas. Pense bem: se você começar a viver em função de uma promoção para ser feliz, o que vai acontecer? Se você achar que a única forma de ter satisfação na vida é virando o vendedor "categoria diamante ultra *power* mega *blaster*" que está no topo daquele esquema de marketing de pirâmide, como você pensa que essa história vai terminar?

Vamos deixar toda a emoção de lado por um instante e raciocinar juntos: imagine que estamos assistindo aos Jogos Olímpicos pela televisão. Em uma árdua disputa, atletas ultrapreparadas dão o seu melhor em uma competição para saber quem será a corredora mais veloz do planeta. Alguns segundos depois, uma competidora cruza a linha de chegada em primeiro lugar e quebra o recorde mundial. Ela se emociona muito, vai até a câmera que está mais próxima e, muito ofegante e se desfazendo em lágrimas, faz um discurso. Você, em casa, vê uma vencedora apontar o dedo para o seu nariz e dizer com todas as letras: "você pode ser o que quiser, é só acreditar e se esforçar". Uau. Que cena marcante, um momento histórico. Aquilo o inspira muito. Você acabou de ver uma pessoa fazer algo que nenhuma outra no mundo jamais conseguiu fazer. Ela rompeu os limites do possível e disse claramente que você também consegue!

Cair na tentação de se impor sonhos grandes demais traz no combo um efeito colateral: a criação de expectativas que, provavelmente, nunca serão satisfeitas.

@falajoaobranco

DÊ PROPÓSITO

Mas vamos lembrar que, naquele instante, cem milhões de outras pessoas também estavam assistindo a essa prova pela televisão. Se toda essa audiência criar no coração um desejo de ganhar essa mesma medalha nas próximas Olimpíadas, quantos sonhos serão realizados? Isso mesmo, no máximo um. E quantos serão frustrados? Isso mesmo, no mínimo 99.999.999 pessoas ficarão tristes por não terem conquistado o que queriam. Antes de você me surrar com argumentos de que o discurso dela é figurativo, deixe-me lembrar que, na vida real, esse é o tipo de incentivo que recebemos o tempo todo. Perceba o mundo ao seu redor!

Suas redes sociais estão cheias de vídeos com esse tipo de mensagem de incentivo. A capa do seu caderno talvez tenha uma frase positiva assim. O palestrante motivacional falou isso naquela convenção de que você participou. A pessoa que está à frente da sua equipe de trabalho com certeza já usou expressões assim em reuniões de fechamento.

Acabo de escrever no Google a palavra "sonhos" e busquei por imagens... recebi uma enxurrada de mensagens motivacionais do tipo "todos os sonhos são possíveis", "se você pode sonhar, você pode fazer", "não deixe mentes pequenas te convencerem de que seus sonhos são grandes demais", "não desistir é o que vai fazê-lo conquistar tudo o que sempre sonhou". Esses incentivos estão por todos os lados. Leio essas coisas, me transformo em um super-herói por alguns minutos e depois vou para o meu trabalho. Chego lá tomando um "calor" do meu chefe porque precisamos acelerar as metas, recebo um feedback negativo de um cliente que não entendeu bem o que fiz, vejo outro funcionário menos empenhado ser promovido e... me acho um verdadeiro fracassado. Mas tudo bem, porque hoje tem campeonato de futebol e alguém vai me passar alguma mensagem inspiradora novamente após a vitória, não é?

Desculpe, mas não é só acreditar. Nem basta se empenhar. A verdade é que competições têm apenas um vencedor, empresas têm apenas uma pessoa na cadeira de CEO, times de futebol têm apenas um camisa 10, países têm apenas um presidente. E se toda a sua felicidade for depositada apenas na frágil hipótese de atingir um sonho desses, você acaba de escolher a pena de ser infeliz para o resto da vida. E não digo isso porque você tem chances de não conseguir, mas porque tenho certeza de que não é aí que está a verdadeira alegria de viver.

"Quem ama o dinheiro nunca ficará satisfeito; quem tem a ambição de ficar rico nunca terá tudo o que quer."[35] Amar a ambição por ela mesma, o dinheiro por ele mesmo, pode até nos trazer o famoso "resultado", mas o problema é que aí nós ficamos com o resultado na mão nos perguntando por que não estamos nos sentindo tão felizes quando achamos que seríamos. Veja bem: o Direito é a profissão mais bem paga dos Estados Unidos e, mesmo assim, ao serem pesquisados, 52% dos advogados descreveram a si mesmos como insatisfeitos com o próprio trabalho.[36]

Sonhar grande é um discurso perigoso para nós, e o tempo todo somos pressionados a ser muito ambiciosos e competitivos. Uma das perguntas mais utilizadas em entrevistas de emprego é: "onde você quer estar daqui a cinco anos?".

• • •

35 Eclesiastes 5:10

36 BARKER, E. op. cit. p.87

DÊ PROPÓSITO

Somos treinados para responder mostrando muita gana. Há empresas que preferem os candidatos que respondam algo do tipo "quero a sua cadeira e vou fazer de tudo para pegá-la para mim". Desculpe, mas esse não é o tipo de empresa na qual eu gostaria de trabalhar. Mas isso não significa que eu não seja ambicioso, pelo contrário. Conheço poucas pessoas mais ambiciosas que eu. A pergunta que deve ser feita é: que tipo de ambição é essa?

OUTRO TIPO DE SONHO

Já deu para entender que estamos levando este assunto tão a sério que não vale a pena trazer os pequenos desejos de consumo para a discussão. Afinal, ninguém é contra termos vontade de fazer uma viagem legal, trocar de carro quando possível ou ter o celular mais moderno. A ambição que estou cutucando é mais profunda, estou falando dos seus sonhos de vida, da sua definição de sucesso, da sua razão para acordar todos os dias e ir trabalhar – e é aqui que a coisa pega. Como diria o escritor neozelandês J. Oswald Sanders: "desejar mais não é errado, mas a motivação determina o caráter da ambição".[37]

Se sonhar grande é perigoso, qual é a solução? Sonhar pequeno? Não sonhar? Não. Vamos ampliar a nossa visão: existem mais alternativas. Se você quer uma dimensão para sonhar, eu quero sugerir a você uma nova: a vertical.

• • •

37 SANDERS, J. O. **Spiritual leadership:** principles of excellence for every believer. Chicago, Moody Publishers, 2007. p. 13.

NÃO SONHE GRANDE, SONHE ALTO

Quem sonha alto não precisa brigar por território, não joga uma competição na qual apenas um ganha. Está sonhando com coisas que têm profundidade, relevância, com coisas que tocam o fundo da alma. Coisas que podem até ser grandes e exuberantes, mas que talvez não sejam, e isso não será um problema. Seu sonho mais alto pode ser escrever um único livro que vai ajudar casais a se reconciliarem; pode ser auxiliar as pessoas a criarem seus filhos para serem seres humanos maravilhosos; pode ser deixar os dias dos seus clientes mais fáceis oferecendo a eles os sapatos mais confortáveis que eles já usaram; pode até ser fazer os brigadeiros que colocam os sorrisos mais gostosos no rosto das crianças e, mesmo que você faça milhares deles todos os dias, cada um é um carinho para quem está comendo. Sonhar alto é sonhar com as coisas que ficarão enraizadas em você, na sua vida, e vão crescer ao máximo, como uma árvore frondosa em direção ao sol, que não precisa derrubar ninguém, só gerar oxigênio, sombra e inspiração para quem passar por ela.

Sonhe com sonhos do alto para você. Um tipo de ambição que busca um sentido maior nas coisas e não se esquece de encontrar contentamento com o que se tem hoje, ainda que exista apetite para mais – mas querendo mais daquilo que é o melhor para você: aquilo que você sonha na vertical, para o alto.

Eu quero absolutamente tudo o que a vida tem para mim. Tudinho. Nem um pingo a menos. Mas também nada a mais, porque isso não é uma competição. O tempo passa

@falajoaobranco

Quem sonha alto não precisa brigar por território, não joga uma competição na qual apenas um ganha. Está sonhando com coisas que têm profundidade, relevância, com coisas que tocam o fundo da alma.

NÃO SONHE GRANDE, SONHE ALTO

rápido e você pode gastá-lo indo atrás daquele sonho grande, que talvez seja simplesmente algo material que você viu por aí ou pode gastá-lo com algo que vai realmente te encher de significado.

Quem foi que disse que não dá para ficar contente com o que a gente tem hoje? Quem foi que disse que a gente precisa conquistar algo grande para encontrar propósito na nossa vida?

A felicidade não está nas conquistas. Elas não são ruins. Apenas não são suficientes.

E O GARFINHO?

Eu gosto muito da história do garfo do começo deste capítulo. Com ela eu lembro que, há uns dez anos, me senti exatamente como esse talher. Eu me perguntava se tinha feito a escolha certa de carreira, se fazia sentido gastar a minha vida fazendo propagandas, embalagens e promoções. Será que eu não devia largar tudo e me dedicar a algo que faria mais diferença para as pessoas? Ou será que eu devia apostar tudo em um sonho grande? Mas descobri uma coisa que mudou toda a minha percepção: as pessoas precisam de garfos. Tente comer apenas com uma faca ou uma colher – não funciona. O garfo tem o formato certo para uma boa bocada. Com o garfo as crianças conseguem começar a aprender coordenação motora e nós conseguimos nos alimentar. Ele nos ajuda a repor as energias para ter uma vida ativa, e também está presente em momentos muito especiais, porque na nossa cultura as celebrações sempre estão ligadas a refeições. Quando estou com a minha esposa e filhos comendo nossa comida preferida, o garfo sempre está lá nos ajudando a

83

DÊ PROPÓSITO

fazer com que esse momento não tenha problemas. Ele pode se ver apenas como um objeto de segundo escalão de utilidade ou ele pode entender que é ele que coloca os alimentos de que eu mais gosto na minha boca.

De certa forma, eu tenho muito a ver com o garfinho, porque enquanto escrevo este livro também trabalho com alimentos. Mas entendi que o meu trabalho não é apenas vender hambúrgueres. Eu estou lá para ajudar milhões de pessoas a terem bons momentos. Também estou lá para ajudar bastante gente a ter uma boa oportunidade de trabalho – a maioria em seu primeiro emprego. E ainda posso ter influência mais direta na minha própria equipe. E um impacto indireto sobre as pessoas que acompanham o meu trabalho. Para você, leitor deste livro, eu também sou "apenas" um garfo, tentando colocar um "manjar de ideias" bem à frente da sua boca, esperando que você o experimente e se delicie nele.

Não preciso ser melhor que a boia inflável ou o celular. Muito menos quero ser melhor que os outros garfos, mas posso ser o melhor garfo que eu puder. Talvez eu me torne um garfo muito rico, talvez não; talvez eu me torne um garfo famoso, talvez não; talvez eu seja um garfo bastante influente, talvez não. Mas isso não é o mais importante, porque sou motivado por entender o motivo para um garfo ser criado e tentar cumprir esse papel. Sou movido pelo sonho alto que ser um bom garfo me proporciona. Quando Michelle Obama diz que "o sucesso tem menos a ver com o dinheiro que você ganha e mais a ver com a diferença que você faz na vida de outras pessoas", eu concordo plenamente. Porque certamente foi para isso que um garfo foi criado.

A felicidade não está nas conquistas. Elas não são ruins. Apenas não são suficientes.

@falajoaobranco

DÊ PROPÓSITO

MUDE A VISÃO SOBRE SEU TRABALHO

Entender a diferença entre sonho grande e sonho alto já traz uma reflexão capaz de mudar a sua relação com o seu trabalho e a sua definição de sucesso. Mas esse é apenas o couvert do banquete. Estou aqui para tentar mudar profundamente a sua motivação para trabalhar. Garanto que quando isso acontecer, todo o quebra-cabeça vai se encaixar: o dinheiro, o trabalho, o trânsito, a ansiedade de domingo e os boletos a pagar. Não é deixar de ser ambicioso ou dedicado, é se perguntar que combustível você coloca para alimentar essa ambição e dedicação. Nos próximos quatro capítulos, vou apresentar a você quatro passos práticos para alterar sua motivação e ajudá-lo a mudar definitivamente de trabalho, sem mudar de emprego.

Gostou da história do garfo? Aponte a câmera do seu celular para o QR Code abaixo ou acesse o link e assista ao meu TEDx.

https://www.youtube.com/watch?v=Xjh3tLb4Dm4

CAPÍTULO 5

COMECE COM A INTENÇÃO CERTA

> Talvez não exista melhor jeito de amar o próximo [...] do que simplesmente fazer o seu trabalho. Mas isso vale somente se o trabalho for bem-feito, habilidoso.

TIMOTHY KELLER[38]

---

[38] KELLER, T. op. cit.

INTENÇÕES IMPORTAM

Ouvir alguém falar sobre propósito desperta em nós uma pressa de querer definir logo o nosso. Mas essa é uma resposta que só vem com o tempo e, ocasionalmente, com uma pitada de fé. O propósito não é um manual secreto que contém tudo o que vai acontecer na sua vida. Não é um "plano de voo" que você precisa estudar antes de começar a se mover. Na verdade, entendemos o nosso propósito no caminho, enquanto vamos. Durante essa jornada, o melhor que você pode fazer é estar atento às suas intenções.

As intenções importam. Muito. Guarde bem a frase que vou dizer agora: o coração da decisão é mais importante que a decisão do coração. A mesma decisão tomada com a intenção A ou com a intenção B pode ter efeitos completamente diferentes. O resultado concreto pode até ser o mesmo, mas, certamente, dentro de você tudo muda.

Nossa vida é cheia de pequenas e grandes decisões, e algumas delas nos colocam em verdadeiros dilemas. Há escolhas que impactam tanto a nossa rotina que se revelam verdadeiras decisões de vida, os riscos envolvidos nos enchem de ansiedade e preocupações. É justamente nessas situações que a nossa essência mais aparece.

DÊ PROPÓSITO

Saber tomar decisões é uma arte difícil. Não estou falando daquela dúvida entre pedir carne ou frango no almoço, mas das bifurcações que podem mudar o nosso futuro. Momentos que tiram o nosso sono porque não são tão simples quanto escolher entre o obviamente certo e o claramente errado. São cenários complexos que envolvem sacrifícios e incertezas.

Devo me casar com aquela pessoa? Aceito aquela proposta de emprego? Será que é a hora de mudar de cidade? Que tal investir nesse negócio? Deixo meu filho ir sozinho para longe de casa estudar?

É importante você pensar nos cenários e ponderar as alternativas, mas ainda mais importante é pensar no porquê você está tomando essa escolha. A decisão mais correta não é necessariamente a que traz mais dinheiro, a que gera menos dor ou a que deixa o coração mais animado por um momento, mas a que é tomada com a intenção certa e que deixa a nossa consciência em paz.

Deixe-me dar um exemplo: a Laura e o Denílson são um casal muito querido de amigos da nossa família. Depois de cinco anos casados, começaram a sonhar com um bebezinho. O assunto fazia parte das conversas desse casal desde o namoro e, individualmente, cada um sempre pensou em ter uma família. Mas depois de algum tempo tentando, perceberam que não estavam conseguindo engravidar. Descobriram que realmente tinham uma dificuldade que estava atrapalhando. Foi aí que o médico sugeriu a eles um processo de fertilização e isso mexeu com a cabeça do casal. Ficaram com uma dúvida profunda se deveriam fazer isso ou não: *será que é a coisa certa a se fazer ou será que estamos indo contra a natureza? Eu devo*

90

COMECE COM A INTENÇÃO CERTA

intervir assim na minha vida e na vida de alguém que ainda nem nasceu? Mais do que o custo, os procedimentos médicos ou as chances de êxito, o assunto tirava o sono do casal principalmente porque entrava em um campo pessoal muito importante para eles: a fé.

Um dia, conversamos abertamente sobre o assunto e concluímos juntos: essa mesma decisão pode ser tomada com intenções totalmente diferentes. "Estamos muito decepcionados com Deus, mas descobrimos que não precisamos dele, pois conseguimos resolver esse problema com o nosso próprio dinheiro" – essa é uma forma de ver, a consequência de um sentimento de revolta, de vingança e de tentativa de tomar o controle sobre todos os aspectos da vida. Mas você também pode tomar a mesma decisão com outra intenção: "Deus não nos deu filhos de forma natural, mas entendemos que foi Ele que deu aos médicos o conhecimento para esse tipo de tratamento e que talvez essa seja a forma como Ele vai nos dar esse presente tão esperado, por que não tentar? De qualquer forma, tudo segue sob o seu controle". Veja: a escolha por fazer um tratamento médico pode provocar duas consciências diferentes em você. **A forma como você decide revela mais quem você é do que a decisão em si**. O processo expõe os seus valores, suas prioridades.

Da mesma forma, a intenção impacta as pequenas e médias decisões do dia a dia. Qual era a sua real intenção quando decidiu contratar aquela candidata? Ou o que realmente estava no fundo do seu coração quando você escolheu demitir aquele funcionário? Quais eram seus reais pensamentos quando quis expandir os negócios para outro país? É muito comum deixarmos nossos impulsos gananciosos,

DÊ PROPÓSITO

perversos, invejosos ou de cobiça impulsionarem nossas escolhas, e às vezes nem mesmo percebermos. Ou talvez você não esteja fazendo nada de errado, mas está apenas deixando tudo caminhar como sempre foi e sem se atentar a outras alternativas melhores.

O primeiro passo para mudar a sua relação com o seu trabalho é justamente este: ser intencional. Trabalhar com a intenção certa, fazer as coisas pelos motivos corretos e ter a convicção de que os seus valores mais profundos estão sendo refletidos nas suas ações. Agir com propósito.

O JOGO QUE SE JOGA ANTES DO JOGO

Em 2014, a marca de fones Beats fez uma campanha publicitária genial. A propaganda mostrava jogadores, como Neymar e Serena Williams, concentrados antes de começar uma partida. Estavam em um canto do vestiário, escutando algo no fone de ouvido, refletindo, se preparando. O vídeo intercalava esse momento de preparação com uma conversa entre o Neymar e o pai, que falava para ele sobre como aquele dia era importante. Mostrava um momento "mágico" no qual os pensamentos eram alinhados e terminava com uma frase de impacto: "o jogo se ganha antes do jogo".[39] Guarde essa descrição no coração, vamos voltar a ela em algumas páginas. Antes disso, preciso contar algumas histórias.

• • •

39 COMERCIAL da Beats com Neymar mostra 'o jogo antes do jogo'. **G1**, 5 jun. 2014. Disponível em: http://g1.globo.com/economia/midia-e-marketing/noticia/2014/06/comercial-da-beats-com-neymar-mostra-o-jogo-antes-do-jogo.html. Acesso em: 16 fev. 2022.

COMECE COM A INTENÇÃO CERTA

A OPORTUNIDADE DA VIDA DO ESTAGIÁRIO

Era uma vez um jovem estagiário, bem no começo de sua carreira, chamado Joel. Cheio de expectativas e medos, ele ia todos os dias para o seu primeiro emprego. Assim que chegava, via no estacionamento alguns carrões estacionados: eram dos chefes da companhia. Eles eram os que ocupavam os andares mais altos do prédio, em grandes salas protegidas por barreiras de seguranças e de assistentes. Joel os imaginava como verdadeiros super-heróis que tomavam decisões mágicas, fazendo a empresa prosperar. Pessoas que pareciam superdotadas de inteligência e que alcançaram posições admiráveis. Ouvia histórias de que eles viajavam a trabalho em aviões que tinham assentos maiores do que o ônibus leito – a famosa "classe executiva" – com tudo pago pela empresa. Alguns deles tinham vindo de outros países e recebiam benefícios ainda maiores, como moradia e escola internacional para os filhos. Isso sem falar no bônus: ouviu dizer que era possível comprar um apartamento com o valor de seus salários. Uau. Será que o Joel um dia conseguiria ser como um deles?

Logo no segundo mês de estágio, seu chefe avisou que o *Chief Financial Officer* (CFO, diretor financeiro, em português) da empresa pediu para conversar com Joel: "Prepare-se, amanhã o alemão vai querer falar com você". O CFO era mesmo estrangeiro, mas arranhava o português. A barriga do jovem Joel revirou. A verdade é que ele ainda não sabia nada sobre a empresa. E se ele fizesse alguma pergunta difícil? Para piorar, percebeu que seu inglês – que no currículo constava como "avançado" – não estava tão em dia assim para desenvolver

DÊ PROPÓSITO

uma conversa aleatória sobre negócios. Joel passou aquela noite quase sem dormir, na expectativa de como seria a conversa. Pensava em todas as possibilidades e tentava ensaiar comentários que parecessem inteligentes para causar uma boa impressão. Decorou alguns números gerais da performance da empresa, buscou notícias recentes do seu mercado e descobriu nas conversas do café daquele dia que esse diretor era "a pessoa mais importante da empresa". Essa reunião tinha tudo para ser histórica. Como será conversar com um gênio? Joel ficou tão apreensivo que não jantou naquela noite, pediu orações para um grupo de amigos e comprou um sapato novo, parcelado em oito vezes para caber na bolsa auxílio do estágio, porque estava com vergonha do seu calçado surrado.

Com uma mistura de medo de ser demitido e o sonho em ser o próximo CFO, Joel seguiu para o seu compromisso. Chegou muito antes da hora, revisou cinquenta vezes sua listinha de anotações no bolso e se ajeitou no espelho para esconder a cara de quem mal tinha dormido. O elevador demorou o que pareceu horas para chegar ao último andar. Quando a porta se abriu, o coração estava a mil. Parecia que até o cheiro daquele andar era diferente, o carpete era mais chique e a vista da janela era impressionante. Tudo pronto para o grande momento, a hora chegou e ele seria convocado. Joel aguardou quinze infinitos minutos até que vieram lhe comunicar: o CFO estava atrasado, mas o chamaria em breve. Joel entendeu, afinal a agenda do alemão devia ser mais disputada que a do presidente dos Estados Unidos. Aguardou mais quinze minutos. Vinte minutos. Quarenta minutos. Esqueceu tudo o que pensou, e relembrou, umas dezoito vezes seguidas. Começou a desconfiar que seria esquecido, mas não foi. Quase uma hora depois, foi liberado

COMECE COM A INTENÇÃO CERTA

para entrar na sala do executivo. Seu discurso estava ensaiado, e seus passos, trêmulos.

Na hora, mil perguntas vieram à sua mente: *Será que eu me sento? Estendo a mão? Me apresento? Falo que gosto de chucrute para agradá-lo?* O bom senso fez Joel entrar quieto e deixar o CFO tomar a iniciativa. A pessoa mais importante da empresa olhava para a tela do computador sem parar. *Deve ser algum problema sério e ele me chamou para ajudar a resolver*, pensava o estagiário. O diretor clicava no mouse com veemência, como quem apertava botões para disparar mísseis em uma guerra. Joel ficou em pé, em silêncio, por exatos quatro minutos no meio da sala (tente ficar esse tempo parado para entender o que ele sentiu). Até que finalmente o senhor diretor empurrou com a mão esquerda meia dúzia de folhas rabiscadas para o Joel e disse apenas "atualize", com um sotaque carregado. Ele estava pedindo ao estagiário para ajudá-lo com uma apresentação. Era necessário atualizar alguns slides para alguma reunião. Ele não olhou nos olhos do Joel, não pediu por favor, nem falou do atraso. Não explicou nada mais nem perguntou nada sobre ele. Não houve nenhum espaço para qualquer outra coisa. Joel recebeu um meio aceno de mão, dando a entender que isso era tudo, e se retirou.

Essa história acontece todos os dias nas grandes empresas: algumas vezes o chefão realmente está enrolado com coisas muito sérias; em outras, está apenas jogando paciência no computador. Algumas vezes ele faz isso por ser uma má pessoa. Mas, muitas vezes, faz isso apenas porque agiu sem pensar – e é bem isso que precisamos mudar.

Eu também já fui estagiário como o Joel e sei que essas situações vão construindo em nossa cabeça o "modelo a ser

DÊ PROPÓSITO

seguido". Se a pessoa "mais importante" da companhia age assim, estou entendendo que devo atuar dessa forma também. E isso vai construindo em nós o modo automático de ação. Demorei anos para perceber isso e até hoje preciso prestar muita atenção para não ser igual a esse alemão. Ainda erro muito, mas faço de tudo para mudar. O que me fez perceber isso? Os bons exemplos. Vou me focar neles de agora em diante.

BONS EXEMPLOS DE PROPÓSITO

Tenho várias boas influências para mencionar, mas vou compartilhar três rápidas histórias. A primeira delas foi a da minha primeira chefe mulher, na P&G. Dos meus dez primeiros gestores, a Chris foi a única que não era engenheira, a mais nova de todos, a que foi minha chefe por menos tempo e a primeira que fazia questão de começar todas as reuniões me olhando nos olhos e perguntando como eu estava me sentindo. Para quem estava sendo treinado para "performar a qualquer custo, em qualquer contexto", aquilo me parecia esquisito. Eu nunca achei esse tipo de conversa necessária, mas, por uma grande coincidência (ou não), justo eu, que sempre fui uma máquina de trabalhar, tive um problema pessoal grave nessa época. Passei por dois assaltos traumáticos seguidos e perdi o chão. No lado pessoal, família e amigos dão o suporte que precisamos, mas se na ocasião eu tivesse um chefe insensível, não aguentaria. Para minha sorte, eu tinha a Chris, e ela sabe que sou grato até hoje por isso. Mais do que uma ajuda, ela me deu um exemplo que ajudou a adaptar o meu estilo de trabalho. Em algumas semanas eu me recompus, voltei à alta performance, fui promovido

COMECE COM A INTENÇÃO CERTA

e segui por mais três anos lá. Foi nessa empresa que eu aprendi o bom marketing e tive líderes impressionantes.

Até que surgiu o convite para uma outra oportunidade, local em que aconteceu a segunda história. Eu liderava o marketing de algumas marcas muito conhecidas da Ferrero e tinha um chefe francês chamado Guillaume. Esse talvez tenha sido o gestor com quem eu tive a relação mais fácil e produtiva até hoje. Não por minha causa, por causa dele. O Guillaume era um marketeiro excepcional, e um ser humano excepcional. Depois de alguns anos na empresa, ele me deu um conselho, disse que achava que eu precisava amadurecer algumas competências para virar um diretor e me recomendou buscar um curso de preparação. A empresa topou investir em mim para um programa de imersão de duas semanas nos Estados Unidos, em uma das universidades mais renomadas do mundo. O grupo era formado apenas por CEOs de empresas de diversos países. E eu também estava lá, jovem, em preparação. Conviver catorze dias inteiros (o programa era superintenso) com pessoas muito mais experientes que eu foi chocante. O conteúdo foi inspirador e os trabalhos desenvolvidos ali acrescentaram muito para o meu conhecimento. Mas o que mais me chocou foi o comportamento desse grupo, em especial no café da manhã. Todos eles, sem exceção, falavam com os faxineiros e garçons de um jeito que eu nunca havia visto. Praticamente todos os dias eu chegava na faculdade e encontrava um CEO tomando café com um dos funcionários. Eles estavam lá, batendo papo e rindo das mesmas coisas, tomando o mesmo café, sentados à mesma mesa. Quem convidava os funcionários eram os próprios executivos. Naquele momento, eram todos iguais. Não era só um "bom dia" nem um "muito obrigado". Era um "venha

DÊ PROPÓSITO

tomar café com a gente, estamos interessados em você". Eu nunca tinha visto isso. Acho que o alemão, chefe do Joel, tampouco. O Guillaume tinha razão: eu precisava continuar ajustando coisas em mim. Fiquei cinco anos nessa empresa e fiz grandes amigos.

Até que chegou minha fase na Arcos Dourados, a maior operadora do McDonald's no mundo, que opera a marca em dezenove países aqui na América Latina e onde trabalho enquanto escrevo este livro. O "Méqui", como gosto de chamar, foi o lugar onde eu mais mudei. De novo, com a ajuda de líderes fortes. Quem me descobriu foi o atual CEO da divisão Brasil, o Paulo. Foi o chefe que mais me deu dicas práticas para melhorar e que mais vi colocar em prática o discurso do propósito. Foi dele que roubei um chavão que uso em minha atuação no McDonald's: "Não estamos aqui apenas para vender Big Mac, é muito mais do que isso". Não copiei uma frase que ele apenas fala, copiei algo que o vejo fazendo na prática e que talvez, junto com a minha equipe, sejam as principais razões de eu gostar tanto de trabalhar lá.

Esses três casos são a prova de que exemplos positivos também marcam muito a nossa vida. Mas não foi sem querer. Os três fizeram isso de propósito. Os três queriam deixar em mim uma influência. Os três sabiam que estavam ajudando a me moldar pessoal e profissionalmente.

Ainda estou na jornada de melhorar, mas vejo um enorme avanço nos últimos anos. Percebo que, para alguns, isso é mais fácil. Talvez pela educação que receberam, pelos lugares por onde passaram ou pelas influências que tiveram; para outros, não. Até hoje preciso me esforçar para conseguir ser parecido com esses gestores que tive. Como faço isso? Defini que

COMECE COM A INTENÇÃO CERTA

o primeiro passo é começar o dia com a intenção certa. Fazer um bom preparo antes de entrar em campo, como o Neymar faz naquela propaganda de que falamos. Para mim, é importante lembrar que vou encontrar várias pessoas como o Joel ao longo do meu dia, e que posso deixar uma marca positiva nelas, assim como meus gestores fizeram comigo.

NA VIDA REAL NÃO TEM VESTIÁRIO

Eu me inspiro pensando na preparação dos atletas. Muitas vezes vi o Michael Phelps se preparando para nadar, ficando em um nível de concentração tão alto que parecia até se transformar em um robô inabalável. Mas no dia a dia não existe vestiário e sinto uma pontada de inveja desse processo.

Tenho uma esposa maravilhosa e dois filhos preciosos (amo muito vocês, Nátalie, Mateus e Júlia). Mas, como em toda casa que tem crianças pequenas, aqui em casa o "jogo antes do jogo" está mais para uma corrida de obstáculos contra o tempo todas as manhãs. A rotina é de atleta, todos acordam às 6h30 da manhã e é uma correria coletiva: alimentar, preparar para ir para escola, fazer a lancheira, checar a mochila, rever a agenda, a tarefa de casa, achar o casaco, sair correndo, deixar os dois no colégio, pegar trânsito, para só então chegar ao serviço. E, claro, o ritmo das crianças não é o nosso, eles se distraem, enrolam, pensam em outras coisas e perguntam sobre temas aleatórios o tempo inteiro enquanto eu e minha esposa estamos correndo para completar essa Olimpíada antes das 8h da manhã.

Depois que tudo isso acontece, o meu dia profissional começa. Quando chego no trabalho, ainda estou em ritmo

DÊ PROPÓSITO

de corrida de obstáculos, mas não apenas eu. Nosso escritório tem uma guarita, e mesmo com credenciais, você precisa ser liberado pelo segurança. Durante a pandemia de covid-19, o procedimento foi reforçado, e todos os carros deveriam parar logo após a entrada para aferição da temperatura. A regra era clara e estava bem comunicada, mas eu confesso: deixei o segurança "a ver navios" mais de uma dezena de vezes. Não era apenas uma questão de hábito. Eu chegava tão pilhado que avançava direto, depois tinha que retornar, envergonhado. Em um desses dias, me desculpei com o segurança e conversei com ele. A sua resposta me surpreendeu: "Tudo bem, João, já estamos acostumados. Na verdade, quando as pessoas chegam de carro no trabalho, elas já estão trabalhando. Desde que saíram de casa elas já estão fazendo alguma reunião mental, dirigem pensando na primeira coisa que precisam fazer no dia, às vezes já estão participando de ligações, de reuniões, tudo dentro do carro. Todo mundo chega aqui assim". Pelo jeito, todos chegamos no jogo jogando.

Será que alguém se lembra de ter aquele tempo de concentração? Nos esquecemos de reservar alguns minutos para entender nossas intenções, seja em casa antes de trabalhar, seja durante o transporte, seja imediatamente antes de começar o trabalho, para poder fazer esse alinhamento. Aprendi o valor prático disso quatro anos atrás. Todos os dias, quando chego ao trabalho, tomo um rápido tempo para essa concentração. Faço no lugar que dá. Em casa é impossível. No trabalho, coloco o pé na portaria e já brotam tarefas por todos os lados, então, na maioria das vezes, é no carro mesmo. Assim que estaciono, eu viro uma chave mental e tiro entre cinco e

100

COMECE COM A INTENÇÃO CERTA

dez minutos para garantir que estou começando com a intenção certa. Há dias que esse tempo é para meditar escutando uma música bonita, ou refletir sobre um capítulo de um livro que me motiva, ou ler alguns trechos da Bíblia e para uma oração. Faço questão de lembrar a mim mesmo os motivos de eu estar ali. Preciso daqueles minutos para sair da corrida e do "modo automático".

Nesse momento, eu me recordo e me questiono coisas do tipo: Por que estou aqui hoje? Por que estou neste emprego e não em outro? Como vou poder fazer a diferença na vida de alguém hoje?

Eu lembro que não estou ali apenas pelo dinheiro. Também não estou lá apenas porque o meu chefe espera que eu esteja. É óbvio que tenho contas para pagar e devo ser um bom funcionário, mas estou lá para algo que vai além disso. Lembro que sou um garfo. Tento encher o meu coração de pensamentos que possam direcionar a minha atuação, como:

- Hoje é um dia em que eu vou amar as pessoas com o meu trabalho;
- Hoje é uma oportunidade que tenho de ser útil;
- Hoje é uma chance que tenho de dar um bom exemplo e fazer as coisas da forma certa;
- Hoje vou tentar resolver problemas complexos e tomar as melhores decisões com todo o conhecimento que já adquiri;
- Hoje vou tentar entender por que esse funcionário não está performando bem e mudar essa situação como gostaria que fizessem comigo.

@falajoaobranco

Leve o seu coração para o trabalho.

COMECE COM A INTENÇÃO CERTA

A ideia é começar o dia com a intenção certa. Até nas semanas mais pesadas isso me ajuda. É muito diferente demitir alguém com frieza e fazer como gostaríamos que fizessem com a gente (e falo com propriedade, também já fui demitido). Tomar as decisões com a intenção certa logo pela manhã aumenta a chance de o meu dia ter mais significado, um dia que, antes de dormir, eu coloque a cabeça no travesseiro e me sinta bem com as coisas que fiz.

Está muito em voga falar sobre "mindfulness". Vejo um discurso concentrado no foco: evitar as distrações, viver o presente. E concordo absolutamente que isso ajuda a nossa produtividade, mas estou indo além. Respirar com tranquilidade ajuda a oxigenar as ideias, mas também a se lembrar, todos os dias, do motivo de se estar ali; dá vida a sentimentos de propósito.

Nosso cérebro parece ser como a sala de controle de uma equipe de segurança que observa dezenas de imagens de câmeras ao mesmo tempo. As teorias atuais recomendam que você faça um tempo de meditação para fechar todas elas e se concentrar apenas na que você trabalhará no momento. Estou sugerindo algo diferente: se você quer mudar a sua relação com o trabalho, junto com essa janela deixe também aberta a mais importante de todas: a que o recorda do seu propósito, dos seus valores. De como você quer ser lembrado, das sementes que quer plantar, do que você quer deixar por onde andar. Deixe que esses pensamentos estejam correndo em paralelo o dia todo com a sua atividade profissional.

Para aguentar um colega de trabalho mal-intencionado, uma líder desumana ou um cliente incompreensivo e ainda

DÊ PROPÓSITO

assim achar que o seu trabalho valeu a pena, não basta estar calmo. É preciso estar firmado nas suas melhores intenções. É preciso lembrar que aquilo não muda o fato de que você está dando o que tem de melhor, com o objetivo de ser útil para os outros intencionalmente. Por outro lado, para lidar com bajulações e elogios de interesseiros que podem inflar o nosso ego, nada melhor do que lembrar que estamos ali apenas para servir.

Todos os dias aparecem oportunidades na nossa frente. São pessoas que precisam de ajuda, de um trabalho bem-feito, de uma palavra de conforto, de um sorriso ou, como fazia minha chefe, de uma simples pergunta sobre como você está se sentindo antes de começar as reuniões. Para perceber e aproveitar essas chances de deixar uma influência positiva nas pessoas ao seu redor, comece o dia querendo fazer isso.

COMO VOCÊ QUER SER LEMBRADO?

Digamos que há duas pessoas se aposentando. Ao longo de muitos anos de trabalho, as duas foram criando uma imagem, uma percepção que deixaram nas pessoas ao seu redor. E terminaram a carreira sendo reconhecidas assim:

PESSOA A	PESSOA B
Gananciosa	Amorosa
Ostentadora	Pronta para ajudar
Individualista	Sensível ao próximo
Não confiável	Generosa

COMECE COM A INTENÇÃO CERTA

Agora você tem que fazer uma escolha: com qual dessas duas pessoas você gostaria de se parecer quando terminar a sua carreira? Essa parece uma pergunta óbvia. Toda vez que pergunto isso em palestras, todos escolhem a pessoa B, certo? Mas e se eu dissesse que a Pessoa A é um alto executivo que ganhou milhões e teve muitas posses enquanto a Pessoa B é um coletor de lixo que sempre teve uma vida extremamente simples?

Não estou dizendo, de modo algum, que todos os executivos são gananciosos e individualistas, tampouco que todo gari é generoso e amoroso. Estou apenas forçando um exercício. Se você tivesse que escolher apenas entre essas duas opções, terminar a carreira como um executivo milionário reconhecido como a Pessoa A ou se aposentar como um lixeiro que tem as qualidades da Pessoa B, qual preferiria? Parece que a pergunta ficou um pouco mais difícil.

Para que você trabalha? O que quer construir ao longo da carreira? Qual é a prioridade máxima da sua vida? O que não é negociável nessa equação?

Tenho certeza de que há algo que o move para acordar cedo todos os dias para trabalhar, algo além do dinheiro. Lembre-se disso todos os dias antes de começar a sua jornada! Você está ali para algo maior do que apenas conseguir pagar as contas.

Na vida real, suas opções profissionais não são apenas duas, são milhares. Você pode sim tentar ser uma pessoa que tenha uma vida financeira bem confortável. Mas se você escolheu a Pessoa B acima, isso não é o mais importante. É apenas o desejável. O mais importante é outra coisa.

Gosto de resumir a primeira parte desse método em apenas um conselho: **leve o seu coração para o trabalho**.

DÊ PROPÓSITO

Não estou falando de ser menos racional ou de ser mais impulsivo, e, sim, de ser humano, amoroso, de estar fazendo as coisas pelas outras pessoas com a intenção de fazer as coisas pelas outras pessoas.

POR QUE NO COMEÇO?

Há diversos estudos que mostram que nosso cérebro parece estar mais "atento" após o descanso, por isso toma melhores decisões pela manhã. Não sou especialista em neurociência, então não vou me embasar apenas nisso. A razão de ter esse processo antes de começar a trabalhar é uma só: não perder nenhuma oportunidade. Você já experimentou ouvir uma música antes de sair de casa? Aposto que você chega em seu destino cantarolando o refrão. A minha sugestão é que esse momento de concentração aconteça pela manhã, antes de começar a trabalhar, que é justamente quando estamos mais ativos, permitindo que estejamos mais preparados para fazer as escolhas certas desde o primeiro momento. **Ao longo do dia você vai disparar muitas flechas, e nada melhor do que começar o período apontando o arco para a direção certa.** Leva apenas cinco ou dez minutos, verá que vale a pena.

TRANSPIRAMOS NOSSAS INTENÇÕES O DIA INTEIRO

É possível notar a intenção das pessoas quando trabalhamos com elas. Repito um conceito já abordado neste livro: a melhor forma de mostrar sua personalidade é pela forma como trabalha, e não pelo diploma que tem nem pelo seu

COMECE COM A INTENÇÃO CERTA

cargo. Você pode ser um uma enfermeira muito habilidosa tecnicamente, mas é a intenção de cuidado que traz segurança para os pacientes antes mesmo de você falar "bom dia". As pessoas percebem isso.

A mesma coisa acontece com qualquer líder. Como você trata um funcionário que trouxe uma situação pessoal de problema para você? Como você trata a sua chefe? Se o seu gestor lhe pediu para fazer uma coisa de que você não gosta, que não quer fazer ou com que não concorda, como você reage a isso? Como responde aos erros dos outros? Sua intenção é fazer todo mundo crescer, ou simplesmente garantir o seu resultado? Com a intenção certa ao longo do dia, você vai deixar suas melhores raízes à mostra. E isso tem impacto direto em como você vai se sentir ao final do dia.

Você já chamou uma corrida por aplicativo? Às vezes você faz duas corridas no mesmo dia e são experiências completamente diferentes por conta da intenção do motorista. Tem aquela pessoa que o trata de um jeito, tem a pessoa que o trata de outro. O que está no coração deles é diferente. Os dois precisam trabalhar e, em tese, estão fazendo exatamente a mesma atividade, mas não é o mesmo serviço para quem recebe. Isso também acontece com o seu trabalho: todos percebem.

MINUTOS DE REFLEXÃO ANTES DE COMEÇAR A TRABALHAR

Aqui reforço o meu convite: tenha um tempo para se conectar com os seus valores, com a sua fé, com as suas intenções antes de começar o dia. Use esses minutos para sondar o seu coração e levá-lo com você para o trabalho. Esse alinhamento

DÊ PROPÓSITO

interno pode ser refrescado ao longo do dia se for necessário. Mas comece bem. É momento de alinhar os pensamentos, ajustar o foco e pensar *para que estou aqui hoje?* Faça um breve momento de leitura, meditação, oração que conecte você com a sua fé. Aprendi com o autor Jordan Raynor que "o barulho é uma das maiores ameaças à nossa habilidade de ser intencional, presente e produtivo."[40] Tire uns minutos de tranquilidade para pensar apenas nisso.

Trabalhar as intenções antes de começar é essencial para ver as coisas corretamente, e não de modo embaçado, sem foco nem cor. É vestir os óculos que mostram o sentido maior das coisas antes de você começar a correr ao encontro delas. Faça-o no momento mais interessante na sua rotina, que seja mais tranquilo e que seja possível de acordo com a sua realidade. Reflita sobre seu dia de trabalho e procure uma oportunidade para, antes de começar, ter alguns minutos completamente sozinho e sem ser interrompido. A única exigência é que seja um momento só seu, o resto todo pode ser adaptado à sua realidade.

Uma coisa que me ajuda é conferir a minha agenda do dia no celular. Olho para ela e vou vendo todos os compromissos marcados. Penso quais reuniões vão ser difíceis, quem são as pessoas que precisam da minha ajuda, que decisões vou precisar tomar naquele dia. Tento também imaginar os contextos. Será que há algum estagiário como o Joel com quem

. . .

40 JORDAN RAYNOR. [**Now more than ever, we are living in what C.S. Lewis's Devil Screwtape called "the kingdom of noise."**]. 13 jan. 2022. Instagram: jordanraynor. Disponível em: https://www.instagram.com/p/CYrOLYJsP3W/. Acesso em: 24 fev. 2022.

COMECE COM A INTENÇÃO CERTA

eu vou me reunir hoje? Alguém ficou sem dormir só porque ia falar comigo? Alguém está na expectativa de uma decisão que vai fazer muita diferença em sua vida? Como posso fazer com que essa pessoa saia do nosso encontro carregando uma semente de influência positiva que vai brotar no futuro? Em geral, meus dias são bem dinâmicos, cheios de abacaxis para descascar, mas também inundados de oportunidades de plantar boas sementes por aí. Chances que eu só percebo se fizer essa pausa para avaliar, se definir essa hora de olhar para mim mesmo e escolher trabalhar com a intenção de servir, com a intenção de amar.

Carregar pianos pesados todos os dias sem lembrar por que estamos fazendo isso só vai gerar dores nas costas e descontentamento. Mas lembrar que o piano está sendo levado para um lindo concerto muda tudo e nos dá propósito.

Se você precisa de ciência para embasar essa sugestão, deixo aqui alguns trechos de Eric Barker sobre o assunto:

> Nosso cérebro está programado para tentar entender as coisas. O significado é parte de nosso sistema operacional. Precisamos pensar que o mundo faz sentido. O cérebro não gosta de aleatoriedade. Mas o que é significado? O significado vem na forma de histórias que contamos a nós mesmos a respeito do mundo. [...] Pesquisas apontam que contamos cerca de 2 mil histórias para nós mesmos todos os dias. Para quase todas as áreas da sua vida, como a carreira ou relacionamentos, você tem uma história para contar a si mesmo. [...] Quem considera sua carreira significativa e gratificante? Faxineiros de hospital que viam seus empregos como "apenas

DÊ PROPÓSITO

um emprego" não obtinham nenhuma satisfação profunda com suas carreiras. Mas faxineiros que contavam a si mesmos a história de que aquela era sua "vocação" – e que seu trabalho ajudava pessoas doentes a melhorar – viam seus empregos como significativos.[41]

A forma como vemos o nosso trabalho é capaz de preencher o nosso dia a dia profissional de significado. Como você vê o seu?

• • •

41 BARKER, E. op. cit. p. 84-85.

CAPÍTULO 6

AS PESSOAS PRECISAM DO QUE VOCÊ FAZ

> ❝
>
> O trabalho é o meio
> de nos tornarmos úteis
> aos outros.
>
> ❞
>
> LESTER DEKOSTER[42]

42 Work is the form in wich we make ourselves useful to other. (Tradução livre.) In: DEKOSTER, L. **Work:** The meaning of your life: a christian perspective. Michigan: Christian's Library Press, 2015.

Pare um minuto para olhar ao seu redor. Não importa onde você esteja, tenho certeza de que o trabalho de mais de uma centena de pessoas pode ser visto pelos seus olhos agora mesmo. Você está usando uma camisa? Provavelmente alguém plantou esse algodão, colheu, tratou, transportou. Alguém depois fez desse algodão um tecido e o vendeu. Alguém cortou e costurou, seguindo as instruções de alguém que desenhou e logo depois alguém transportou e te entregou. Você está sentado em uma cadeira? Todo esse processo aconteceu com ela também. Você está com a luz acesa? Imagine quantas pessoas tiveram que trabalhar para que a corrente elétrica acendesse essa lâmpada. Este livro que você está lendo contém, no mínimo, o trabalho de algumas dezenas de pessoas que se envolveram no processo de produzi-lo. Toda essa mão de obra que está ao seu redor só existiu para uma única função: satisfazer você. É por meio do trabalho dos outros que você tem o que comer, o que vestir, onde morar. É por meio do meu e do seu trabalho que as pessoas têm as suas necessidades supridas e os seus desejos atendidos.

Essa não é uma visão "romântica" sobre trabalho. Ela é real, assim como o professor só tem trabalho por causa dos

113

DÊ PROPÓSITO

alunos, e o mecânico trabalha para as pessoas que querem consertar seus carros. No fundo, toda e qualquer atividade que seja moral, legal e ética existe para deixar a nossa vida melhor em algum aspecto. Perceba: eu e você precisamos do trabalho dos caminhoneiros, cabeleireiros, agricultores, motoboys, garçons, policiais, juízes, operários, pilotos, pinto-res, jogadores de futebol, analistas de sistemas, bancários, governantes, filósofos, cientistas, farmacêuticos... Pode até parecer que um trabalho é mais essencial que outro, mas, na verdade, todos têm o seu valor em nossa sociedade. Até o trabalho bem-feito de um marketeiro é muito útil (que alívio saber disso)!

O que você vê quando olha para um quadro? Um desenho, uma ilustração, um autorretrato, uma cena? Quadros embele-zam o mundo, contam histórias e mostram a perspectiva do artista. É impressionante lembrar que mesmo as obras mais famosas do mundo foram feitas a partir de poucas coisas: uma tela e algum tipo de tinta.

Fica evidente, no entanto, que um quadro não é apenas papel e pigmento. O que realmente transforma esses insumos em arte é o trabalho do artista.

É por meio do nosso trabalho que conseguimos transfor-mar coisas, mudar a utilidade delas, a beleza, a função. Você pode não perceber, mas todos os dias faz atividades assim. Transforma farinha em deliciosos bolos que deixarão crian-ças alegres enquanto cantam parabéns, transforma tecido em vestidos que encherão de orgulho pais e mães na formatura de sua filha, transforma pesquisas em descobertas farmacêuticas para melhorar a qualidade de vida de pacientes, transforma

AS PESSOAS PRECISAM DO QUE VOCÊ FAZ

ligações de clientes insatisfeitos em problemas resolvidos e rotinas que ficarão mais fáceis.[43]

Qual é o trabalho mais "valioso"? Se formos julgar pelo "preço" de cada um, teremos uma visão muito distorcida da realidade. É chocante lembrar que tem gente que aceitaria pagar 5 mil reais por um autógrafo de uma celebridade, mas acharia um absurdo pagar 500 reais por uma cirurgia para retirar um tumor do cérebro. Definitivamente essa é uma discussão que não vai levar a lugar algum. O seu valor como pessoa não é definido pelo que você produz e oferece nem pelo preço que o mercado paga na sua atividade. Independentemente do que você faz, todos nós somos muito valiosos como pessoas. E, enquanto trabalhadores, somos todos essenciais.

Você pode ver o seu trabalho usando os óculos do mercado financeiro ou pode pensá-lo através da sua utilidade. Para a pessoa que usa, consome, desfruta daquilo que eu ajudei a entregar ou produzir, o meu trabalho é muito importante. É um fato: as pessoas precisam do que você faz.

PARA QUE ESTOU AQUI

Todos os funcionários que entram para trabalhar no sistema McDonald's precisam ter uma experiência prática no restaurante. Não importa o seu nível hierárquico ou se você já tem experiência de outras empresas, todos precisam passar um tempo na loja. Alguns ficam dois dias, três dias. Eu fiquei uma semana quando entrei, em 2014.

• • •

43 Adaptado de TRABALHO COM DEUS. [**O que você vê quando olha um quadro?**]. 30 jul. 2020. Instagram: trabalhocomdeus. Disponível em: https://www.instagram.com/p/CDRE8u_j_jD/. Acesso em: 24 fev. 2022.

DÊ PROPÓSITO

Nesse período eu trabalhei em três unidades diferentes do Méqui na Zona Norte de São Paulo: em um restaurante de rua no bairro da Vila Maria, em um restaurante de shopping e em outro de rua em Guarulhos, cidade da região metropolitana. Trabalhei na madrugada, atendi no drive-thru, servi sobremesas, preparei hambúrgueres, limpei o chão, atendi clientes, experimentei um pouco de cada tarefa que um funcionário do restaurante precisa fazer. Aprendi horrores. Diferentemente do que muita gente pensa, ser um gerente responsável por uma unidade do McDonald's talvez seja um dos trabalhos mais complexos que existe. De verdade, acredito que eu não conseguiria. É preciso entender de liderança, serviço a clientes, processos, segurança alimentar, negócios, planejamento, sistemas, manutenção de equipamentos, controle de estoque, enfim, de tudo um pouco, porque qualquer coisa pode acontecer ali – incluindo situações de primeiros socorros. É preciso ter uma capacidade muito acima do normal de lidar com muitas coisas importantes ao mesmo tempo.

Essa experiência me trouxe muitas surpresas. A que mais me chocou foi relacionada ao atendimento a clientes. Como marketeiro, gasto muito tempo tentando entender os hábitos e padrões de consumo, faço muitas pesquisas e tento achar tendências. É como um astrônomo que fica olhando o espaço pela luneta e tenta descobrir o caminho dos cometas. Mas entregar um sorvete na mão do cliente para ele comer ali na sua frente, na hora, é outro papo. É como se esse mesmo astrônomo tivesse ido ao espaço checar as estrelas de perto.

Costumo brincar que o McDonald's lida com o cliente "mais difícil" do mundo: o cliente com fome. Brincadeiras à

AS PESSOAS PRECISAM DO QUE VOCÊ FAZ

parte, a verdade é que a maior parte dos milhões de consumidores diários que são servidos no Méqui passam ali porque
"precisam". Muitos estão com pressa, outros estão com desejo,
alguns precisam "repor as energias". Há os grupos que estão
comemorando uma data especial, casais que vieram matar a
saudade, adolescentes que estão relaxando depois da aula,
gente que precisava de um lugar para fazer reunião no almoço
e também pessoas que estão simplesmente satisfazendo os
filhos. Todas estão famintas. Atender bem a essa multidão é
um desafio surreal. Nos meus dias de atendimento, fiquei atô-
nito: depois de horas atendendo em um quiosque, servi umas
sessenta sobremesas. Caprichei, fui generoso nas coberturas,
tentei ser rápido (apesar de desajeitado no começo) e fui o mais
cordial possível. A motivação tinha que ser interna, porque eu
lembro de ter recebido... um sorriso, de um único cliente. Realmente é preciso ser intencional e querer atender bem o cliente
para conseguir levar a tarefa a cabo. As pessoas que estão
comprando não estão ali para fazer amigos, elas vêm para
resolver um "problema". Como marketeiro, eu ficava muito ins-
tigado pela história de cada um deles. Até hoje faço um exercício que recomendo a qualquer profissional de marketing: vou
constantemente aos restaurantes e fico parado observando.
Tento olhar para cada pessoa que está comprando um Big
Mac e imaginar o que está acontecendo ali. Quais são as emoções envolvidas? O que essa transação representa para esse
cliente? O que esse momento vai significar para essa pessoa?
Que necessidade está sendo satisfeita?

Em uma dessas observações, fui impactado por uma
cena da qual jamais esquecerei. Estava em um shopping
popular fazendo a minha visita de campo. Reparei que, entre

DÊ PROPÓSITO

os clientes da fila do caixa, havia um menininho de cerca de 8 anos com o pai. Ele estava vibrante, feliz da vida. Não conseguia parar quieto nem por um segundo. Transbordava alegria e ansiedade para escolher logo o seu brinquedinho do McLanche Feliz. Viu que a loja disponibilizava uns balõezinhos para as crianças no caixa e ficava esfregando as mãozinhas. Olhava para o cardápio na parede e parecia que sua boca ficava cheia de água, sentindo o gosto da sua batata preferida. Enquanto isso, o pai, nos seus 40 e poucos anos, estava com um sorriso contido no rosto. Quieto, ele olhava para o filho com uma feição de orgulho. Ele vestia roupas simples e estava com os punhos cerrados. O filho começou a pular de alegria e o pai perguntou: "Você está feliz, filho?". "Muuuuuuito", a criança respondeu. "Lembra que o papai prometeu que traria você aqui se fosse bem no colégio? Valeu a pena, parabéns." O menininho só concordava com a cabeça sem parar. Percebi que o pai estava, na verdade, cumprindo uma missão. Ele entregava uma merecida e esperada recompensa ao filho por ter sido um bom aluno durante o ano. Continuei acompanhando essa dupla até que chegaram no caixa. E foi aí que uma cena me marcou. O pai falou com o atendente e pediu o combo preferido do filho. Escolheu o brinquedo, o sanduíche, o acompanhamento e a bebida. Na hora de pagar, levantou o punho que seguia fechado, apertando, com cuidado, alguma coisa. Quando abriu a mão, vi que ele tinha levado um bolinho de moedas, contadinhas, com o valor exato do McLanche Feliz do menino. Entregou uma por uma e encerrou seu pedido, como um herói que cumpre o seu dever. A criança estava tão feliz que nem percebeu nada demais. Acompanhei o trajeto deles até a mesa e vi que o pai não teve condições de comer

118

AS PESSOAS PRECISAM DO QUE VOCÊ FAZ

nada. Ele não roubou nem uma batatinha do filho, deixou tudo para ele. Olhava para o menino com brilho nos olhos. Com o orgulho de um pai que tentava educar seu filho com o melhor que podia oferecer.

Eu me emociono toda vez que me lembro dessa história. Como pai e como filho, é impossível não olhar para esses parceiros e perceber que esse momento vai ficar marcado no coração dos dois. E é aqui que entra o meu trabalho. Quando vejo uma cena dessas, tenho certeza de que vendo muito mais que uma refeição. Uma boa parte do meu trabalho é ajudar esse pai a ter mais momentos assim. Eu tenho o dever de fazer de tudo para que esse menininho tenha uma memória alegre sempre que vier a uma de nossas unidades. E tenho a oportunidade de tentar fazer algo para que, da próxima vez, esse pai também possa comer alguma coisa muito gostosa. Esse é o meu trabalho. É isso que eu estou fazendo aqui.

É claro que tenho metas para bater. E elas exigem muito de mim e do nosso time, porque não são nada fáceis. Sempre vou dar o meu melhor para superá-las, o máximo que conseguir. Mas essa não é a principal razão de eu acordar todos os dias para trabalhar. A minha missão é ajudar a colocar sorriso no rosto das pessoas por meio de bons momentos. E elas precisam disso. Precisam do meu trabalho. E do trabalho de cada uma das milhares de pessoas que estão desse mesmo lado do balcão.

Sempre faço um esforço para não me esquecer desse dia, porque eu também posso me deixar levar pela correria da rotina e começar a achar que o meu trabalho é só resolver problemas, assinar documentos, responder demandas e entregar

DÊ PROPÓSITO

objetivos. Preciso constantemente me lembrar de que estou lá para servir, para ser útil, para ajudar. E você, para que está fazendo o seu trabalho?

O PÃO NOSSO DE CADA DIA

Gosto de assistir a vídeos dos bastidores das preleções de equipes esportivas. Antes de entrar em disputas, a maioria dos treinadores brasileiros tira um momento para motivar o time e convoca o grupo a declamar a oração do "Pai nosso". Talvez eles façam isso por um puro ato mecânico, mas a origem dessa prece remete há mais de 2 mil anos. A história nos revela que a primeira aparição desse texto foi em um discurso de Jesus, ensinando como devemos falar com Deus.[44] É curioso notar que, no meio dessa "oração modelo", existe um incentivo a pedir pelo alimento: "O pão nosso de cada dia nos dai hoje". Essa é uma expressão que certamente você já ouviu por aí, independentemente da sua fé.

Agora pense comigo: quando alguém pede a Deus "o pão de cada dia", o que está realmente pedindo? Está torcendo para que Deus faça "chover" comida no seu quintal? Ou que milagrosamente comece a brotar pão dentro do seu armário? Claro que não. Quem pede por alimento, na prática está pedindo para que a ação das pessoas que trabalham com isso as alcance. No fundo, cada vez que alguém pede a Deus que mande o "pão de cada dia", está intercedendo pelo trabalho de quem planta, colhe e moe o trigo, quem ensaca e transporta a farinha, quem mistura a massa, quem assa e transporta o pão...

• • •

44 Mateus 6:9-13

AS PESSOAS PRECISAM DO QUE VOCÊ FAZ

e até por quem coloca nele dois hambúrgueres, alface, queijo, molho especial, cebola, picles e gergelim. De certa forma, cada vez que alguém ora o "Pai nosso", também está pedindo a Deus para que quem trabalha no McDonald's faça o seu trabalho bem-feito, veja que curioso.

O que quero dizer é que é por meio do trabalho dos trabalhadores que as outras pessoas têm as suas necessidades supridas, seus desejos realizados, suas fomes saciadas, suas dores aliviadas. Para realizar o sonho de fazer uma viagem inesquecível, por exemplo, você depende dos trabalhadores do hotel, da agência de turismo, do aeroporto, da companhia aérea e do controle de alfândega, da casa de câmbio, da seguradora, entre tantos outros. O que pode ser mais útil para você do que ter as pessoas ao seu redor fazendo o melhor trabalho possível para te ajudar em sua vida?

Como diria o teólogo e filósofo americano Richard Mouw:

> Se você vê uma necessidade humana não atendida, você vê um talento que pode atender a essa necessidade, se você investe os seus recursos para que o talento encontre a necessidade e você cria novo valor no mundo, novos bens compartilháveis, melhor qualidade de vida ou florescimento de comunidades humanas, então o que você fez não foi só piedoso, foi divino.[45]

O seu emprego não é apenas o lugar onde você ganha salário. Ele é o lugar para você colocar as suas habilidades em prática e fazer algo de que as outras pessoas precisam.

• • •

45 KELLER, T. op. cit.

@falajoaobranco

O seu emprego não é apenas o lugar onde você ganha salário. Ele é o lugar onde você coloca as suas habilidades em prática para fazer algo de que as outras pessoas precisam.

AS PESSOAS PRECISAM DO QUE VOCÊ FAZ

Você já parou para pensar de quantas pessoas você cuida quando está trabalhando? Pessoas que não são da sua família, que não são seus amigos. E todas elas dependem de você para aquilo. O motorista de aplicativo deixa a idosa no consultório médico em segurança, o corretor de seguros permite que os filhos de uma mulher sejam bem cuidados caso algo aconteça com ela, a maquiadora prepara o ator que vai entreter pessoas ao redor do mundo durante um programa de televisão. Todo mundo cuida do próximo quando está trabalhando, não é um conceito interessante de se pensar – e de se viver?

O segundo passo para mudar a sua relação com o seu trabalho é justamente o de se lembrar disso o tempo todo.

E TALVEZ DEPOIS DISSO DÊ ATÉ PARA FALAR DE PROPÓSITO

Ao estabelecer intenções e trabalhar como alguém que entende que a sua atividade profissional tem uma grande utilidade para as outras pessoas, fica muito mais fácil encontrar o que você veio fazer aqui na Terra. Porque entender seu propósito de vida não é fruto apenas da reflexão, e sim da ação – e muita ação.

Falar sobre propósito é falar dos motivos para se fazer algo e como nos sentimos quando colocamos esses planos em prática. É aquilo com que viemos contribuir, aquilo que fazemos muito bem e que as pessoas precisam que seja feito, causando um profundo senso de realização. É por conta desse último item que hoje tanta gente se desespera em busca desse enigma. Para sentir a realização, a paz, a sensação de que estamos no lugar certo na hora certa, fazendo o que nascemos para fazer.

DÊ PROPÓSITO

Encontrar essa razão de existir que a gente chama de propósito às vezes implica em um processo de anos de autoconhecimento e de experimentação de diferentes coisas. Não é algo automático.

Imagine, por exemplo, que uma pessoa tenha nascido com a habilidade para ser a melhor pianista do mundo, mas nunca sequer encostou em um piano. De repente, você nasceu com uma capacidade extraordinária de fazer música lindamente e nem sabia. Mas se ficar só fazendo autorreflexão e autoconhecimento durante anos e nunca experimentar outras coisas, você não vai descobrir esse talento. Então agir, fazer coisas novas e, principalmente, trabalhar com interesse em cuidar das pessoas são parte do processo para você descobrir as suas habilidades e perceber quais delas podem ser mais úteis para os outros.

Cada um de nós veio trazer coisas diferentes para essa grande panela da vida, somos temperos que trabalham juntos dentro de um cozido. Tem gente que é boa com números, tem gente que é boa com habilidades manuais, tem gente que tem força física, que resolve problemas de lógica com mais facilidade, que é criativa... cada um de nós tem uma habilidade e um conjunto de habilidades muito específico. É preciso agir e entender como ajudamos as pessoas – e em que momento, ao servir os outros, conseguimos fazer algo com excelência e alegria. Ali existe uma pista muito importante sobre o propósito de cada um.

Passamos o capítulo anterior falando sobre começar o dia ajustando suas intenções. Este fala de lembrar-se delas ao longo do dia e ir verificando se estão sendo colocadas em prática. Falamos que ajustar as intenções seria como abrir uma segunda janela no seu computador, que fica o tempo todo funcionando em paralelo ao seu trabalho na janela principal.

Agora estamos incentivando você a apertar alguns botões ao longo do dia para lembrar ao seu coração de que você não está ali por acaso.

LEMBRE-SE: AS PESSOAS PRECISAM DO QUE VOCÊ FAZ

Independentemente da sua área de atuação, o trabalho das suas mãos, mente e coração farão a diferença na vida de alguém hoje. Vai ser através de você que alguém vai ter alguma necessidade suprida. Pense em alguém que precisa do que você vai fazer no dia de hoje.

Deixe lembretes da sua importância na sua mesa, no computador, celular, ative alarmes. Sempre que estiver com vontade de jogar tudo para o alto (e essa vontade existe!), lembre-se de que você importa e o que você faz também importa, e muito.

Nunca se deixe esquecer de que o que você faz tem impacto na vida das pessoas, não deixe a rotina e a correria te deixarem trabalhando no modo automático sem reconhecer isso.

Antigamente, quando alguém não podia esquecer algo, amarrava uma cordinha no dedo. Há relatos históricos de sociedades onde os temas mais importantes eram amarrados no pescoço das pessoas. Você já viu gente que faz isso até hoje? Nas vitrines das lojas de joias vejo com muita frequência a exposição de pingentes de coração, menininhos, menininhas e outros desenhos que remetem a coisas que apreciamos. Não estou querendo criar uma simpatia, mas um memorial. Assim como os *smartwatches* ficam avisando você para ficar mais tempo em pé e beber água de tempos em tempos, crie artifícios para ser lembrado das suas reais motivações para estar

DÊ PROPÓSITO

ali no trabalho. Pode ser tão simples quanto colocar avisos na sua agenda, por exemplo. Que você tenha sempre por perto uma forma de se lembrar que o seu trabalho cuida de alguém.

Eu deixo coisas escritas para mim mesmo no meu caderno. Na minha estação de trabalho, também deixo visível um garfo (de verdade) "descansando" em um mini divã, remetendo à história que contei no capítulo 4.

O grande ponto é você se lembrar de que seu trabalho é importante. É conseguir domar seus pensamentos quando ficarem negativos – porque a gente tem tantos desafios o dia inteiro que fica muito fácil virar a chave e dizer que nada mais importa.

"Tenha cuidado com o que você pensa, pois a sua vida é dirigida pelos seus pensamentos."[46] Esse é mais um conselho bíblico que reforça a importância de estarmos atentos às nossas intenções, pensamentos e sentimentos ao longo do dia. E se você achava que o seu trabalho não era um lugar para pensar em sentimentos, prepare-se para o próximo capítulo.

• • •

46 Provérbios 4:23.

CAPÍTULO 7

EXCELÊNCIA É UMA DECLARAÇÃO DE AMOR

Amar é dar o melhor que
tem e o melhor do que é
em benefício do outro.

SIMONE WEIL

A diversidade de crenças e religiões no mundo mostra que o ser humano sempre busca por algo mais. Como falamos no capítulo 2, o tempo vai nos comprovando que há um vazio dentro de nós que não é preenchido pelo trabalho, nem por coisas materiais. E essa falta nos move a outros lugares. É impressionante notar como muitas religiões do mundo têm algo em comum: o amor. Como cristão, entendo que amar a Deus acima de todas as coisas e amar o próximo como a mim mesmo[47] são as duas melhores coisas que posso fazer na vida. Mas até as pessoas que têm crenças totalmente diferentes defendem o "amor entre as pessoas" como parte de um processo de encontrar uma vida mais satisfatória.

Estudos comprovam que quando gastamos dinheiro com os outros, ficamos com uma sensação de felicidade maior do que quando gastamos com nós mesmos. Ainda mais surpreendente: aqueles que doam seu tempo para ajudar os outros se sentem menos ocupados e têm a impressão de que desfrutam de mais tempo livre.[48] Quem já entregou comida para pessoas famintas na rua ou levou brinquedos para doar em um orfanato sabe do que estou falando. O doar, o compartilhar, o estender a mão e

• • •

47 Mateus 22:37-39.
48 BARKER, E. op. cit. p. 57.

DÊ PROPÓSITO

o ser generoso trazem uma recompensa interna que não tem preço ao criar, no coração, um lugar cheio de significado maior na vida – uma sensação de "fiz o que gostaria que tivessem feito por mim" ou de "fiz o que deveria fazer" que aquece o coração de uma forma diferente. Quem dera pudéssemos fazer mais disso, não é? Mas como conseguir achar tempo para amar o próximo se gastamos tanto tempo trabalhando? O terceiro passo veio justamente para resolver esse dilema.

O RAFAEL E A JAQUELINE

Se você me perguntar o que eu mais gosto de fazer na vida, vou responder muito rápido: viajar com a minha esposa. O que pode ser mais legal do que conhecer um novo lugar com a pessoa que você ama? De vez em quando conseguimos dar uma escapulida dessas. Há alguns anos planejamos com muito carinho uma viagem para outro continente. Uma oportunidade rara: passaríamos alguns dias fora para comemorar o aniversário de casamento. Os dias antes da viagem foram aquela mistura entre uma grande correria para deixar tudo em ordem e a expectativa de chegar logo o momento de embarcar nessa experiência. Mas a agenda ficou tão tumultuada que chegamos ao aeroporto um pouco mais tarde do que deveríamos. E descobrimos, ali no balcão, que havíamos deixado os passaportes em casa. Pense em um sentimento de frustração. Remarcar a viagem significaria perder um ou dois dias de algo que já era curtinho. Isso sem falar nos muitos gastos extras. Mas foi aí que apareceu o Rafael. Ele estava encarregado da operação da companhia aérea naquela noite e percebeu nossa preocupação. Deu a dica de pedirmos um portador expresso, nos acalmou, colocou nossas reservas no sistema e disse que nos liberaria se

EXCELÊNCIA É UMA DECLARAÇÃO DE AMOR

chegássemos com os passaportes até um determinado horário. O entregador fez uma boa corrida e chegou rapidamente ao aeroporto. Quando trouxemos o documento para o balcão, o embarque para o voo já havia encerrado e o guichê estava vazio. Mas o Rafael estava lá aguardando a gente, porque faltava um minuto para acabar o tempo combinado. Ele conferiu tudo em segundos e nos levou junto com as malas (elas não puderam ser despachadas com as outras por causa do horário) até o avião. Fomos os últimos passageiros a embarcar. E os primeiros a sorrir.

Essa história me lembra o caso da enfermeira Jaqueline. A Jaque trabalha em um grande hospital em Salvador. Um dia, uma senhora bem idosa foi internada porque tinha caído e estava lidando com complicações de um osso quebrado. A paciente escorregou e se acidentou em casa, algo muito comum nessa fase da vida. Todos estavam preparados para ajudar nessa recuperação, tudo ia ficar bem, não era algo muito grave. A função da Jaqueline naquele turno era conferir o soro e colocar uma medicação no acesso que já estava aplicado na paciente. Quando entrou no quarto, encontrou a senhorinha aos prantos. Não era dor. Não era medo. Não era incômodo com o osso quebrado. Era tristeza. Ela chorava de saudade do seu gatinho, de preocupação de não o ver enquanto estivesse no hospital, de não poder falar com os netos naquela noite, de lembrar das histórias das amigas que foram para o hospital e nunca mais voltaram. A Jaque tinha muitas coisas para fazer, mas avisou a coordenadora que precisaria de mais uns minutinhos ali no quarto. Sentou-se com a senhora, pegou na sua mão e ficou ali batendo papo enquanto ajeitava aqueles cabelos brancos. Olhando todo o tempo nos olhos da paciente, prometeu a ela que tudo ficaria bem e começou a cantar uma canção. Alguém conhece uma enfermeira que canta para

DÊ PROPÓSITO

os pacientes? Eu conheço. Era uma cantiga que a senhora gostava e isso acalmou o coração da paciente. Nesse meio tempo a medicação fez efeito, e ela tirou uma merecida soneca. A Jaqueline estava agora liberada para voltar à sua ronda. Enfermeiros, em geral, são pessoas que têm uma vocação para o cuidado. Mas, convenhamos, isso foi um pouquinho além do que estamos acostumados. Por que será que ela fez isso?

Esses dois casos são apenas ilustrações para mostrar a você que, no nosso dia a dia, talvez não exista forma mais prática de ajudar, fazer o bem, servir a outras pessoas do que fazendo o nosso trabalho da melhor maneira possível. No fundo, eu realmente acredito que isso pode ser visto como uma demonstração de amor pelo próximo. Não estou falando do amor romântico, mas do amor empático que implica se importar profundamente com o outro, fazer pelo cliente o que gostaríamos que fizessem por nós, dar o nosso melhor pela outra pessoa sem esperar nada em troca.

Quando nos dedicamos por alguns momentos no ano para um projeto social, estamos tentando fazer algo pelo próximo *apesar* do nosso trabalho. E se conseguíssemos fazer o mesmo *por meio* do nosso trabalho? Você não precisa mudar de emprego para fazer isso. O que estou querendo dizer é que aquela sensação que temos quando fazemos uma doação ou um trabalho voluntário pode inundar o nosso coração quando fazemos algo que as outras pessoas precisam muito que seja feito. Desde que isso seja feito com essa intenção e com excelência.

EXCELÊNCIA É PARA TODOS?

A palavra excelência não é tão usada no mundo corporativo quanto poderia. Quando abordamos temas como trabalhar

EXCELÊNCIA É UMA DECLARAÇÃO DE AMOR

com maestria, expertise ou uma habilidade avançada, normalmente estamos falando de produtividade e eficiência. Isso também é positivo, mas estou indo além. Estou falando da busca pelo contexto no qual você pode dar o seu melhor.

Excelência não é fazer "meia boca". Nem é fazer "o que dá". Excelência é quando você faz alguma coisa e as pessoas falam "uau". Excelência é quando o Ayrton Senna pilotava, quando a Fernanda Montenegro interpreta, quando o Alex Atala cozinha, quando a Gisele Bündchen desfila. E você, o que faz de excelente? Perto desses nomes pode parecer que nunca vamos nos destacar. Mas isso não é uma competição. Excelência também é quando aquele seu colega de trabalho faz análises complicadas, quando sua mãe faz sua comida preferida ou quando a sua médica faz um diagnóstico preciso.

Todos nós temos habilidades, dons e talentos. E existe uma infinidade de possíveis combinações entre eles. Há pessoas que têm muita facilidade com negociação, outros são bons de memória, e alguns têm uma habilidade manual impressionante. Há os que falam bem em público, os que têm ouvido absoluto para música e os que têm uma coordenação motora inacreditável para dançar. E também há os que se atrapalham, os que tropeçam, os que se esquecem das coisas e os que não conseguem nem fritar um ovo. Todos fazemos coisas que achamos mais fáceis do que a média das pessoas e também temos áreas em que sentimos mais dificuldades. Vou confessar algumas das minhas: sou péssimo com datas, não consigo andar de skate de maneira alguma e não tenho a menor habilidade para tocar violão. Por outro lado, tenho uma memória fora do normal para rostos, faço contas com muita facilidade e sou capaz de observar manias de qualquer pessoa muito

DÊ PROPÓSITO

rapidamente. Apenas alguns exemplos de características que fui descobrindo em mim. E você, conhece as suas?

A excelência aparece quando estamos fazendo algo que usa as melhores habilidades que temos, seja naturalmente, seja porque a desenvolvemos. Repito: todos somos capazes de fazer algo que impressiona os demais. Se você acha que não tem "nenhuma capacidade especial" é porque ainda não as descobriu (e isso virá com o tempo) ou porque acha que suas habilidades não são valorizadas o suficiente para se destacarem. Já abordamos a questão do valor anteriormente. Nosso contexto social muitas vezes nos incentiva a acreditar que as pessoas mais inteligentes são as que se comunicam melhor, as que têm melhor memória e as que lidam melhor com números. Mas... o que seria do mundo se tivéssemos apenas professores de matemática? Eu adoro o mundo das exatas, mas esse planeta certamente seria uma chatice! É justamente na diversidade de dons e fortalezas que está a beleza de convivermos em sociedade. Quando percebemos que temos diferentes talentos, constatamos que nos completamos. Cada um de nós, com seu conjunto de capacidades, faz algo que ninguém mais no mundo é capaz de fazer. Precisamos uns dos outros para nos complementar como sociedade.

HÁ UM TRABALHO QUE SÓ VOCÊ PODE FAZER[49]

Dizem que ninguém é insubstituível. Será? Quem substituiu o Pelé? Steve Jobs? Michael Jackson? Será que o LeBron James é o

• • •

49 Adaptado de BRANCO, J. João Branco: há um trabalho que só você pode fazer. **Forbes**, 26 nov. 2021. Disponível em: https://forbes.com.br/colunas/2021/11/o-trabalho-que-so-voce-pode-fazer/. Acesso em: 16 fev. 2022.

EXCELÊNCIA É UMA DECLARAÇÃO DE AMOR

novo Jordan? Concordo com a primeira frase deste parágrafo apenas em partes. Em pequenas partes, na verdade. Entendo que as cadeiras não vão ficar vazias. Quando saímos de uma função, alguém rapidamente ocupa esse espaço, mas isso não significa que não há diferença entre as pessoas que se sentaram lá.

A fila anda, mas cada indivíduo é diferente. E isso não vale apenas para as estrelas que citei acima. Repare: absolutamente ninguém sabe exatamente as mesmas coisas que você. Ninguém tem o mesmo conjunto de habilidades e talentos que você. Nenhuma outra pessoa entre os 8 bilhões de humanos na face da Terra tem o mesmo inventário de memórias, emoções e capacidades que você. Não é apenas a impressão digital que o diferencia. Você é único.

É curioso lembrar que até mesmo quando você copia alguém, a sua cópia é única. Isso não significa que você é melhor nem pior que as outras pessoas, apenas constata que "só você é você". E que só você poder fazer o que você faz, da maneira que faz.

Já parou para pensar que talvez exista coisas que só você seria capaz de fazer? Com o tempo, vamos percebendo nossas aptidões. E a mágica acontece quando conseguimos usá-las para algo proveitoso. Algo que é útil para os outros, que melhora o ambiente, que faz uma diferença positiva no mundo.

Comentei anteriormente as minhas facilidades e dificuldades. Peça para eu tocar violão andando de skate em um velório e você terá o pior que eu posso entregar. Essa é a combinação perfeita do uso das minhas piores habilidades com o pior contexto, aquele em que todas essas coisas não são necessárias

DÊ PROPÓSITO

nem desejadas. Mas o oposto também é verdadeiro: você já foi consultado por uma dentista excelente que rapidamente resolveu um problemão de saúde bucal que o atormentava? Como é bom ter gente ao nosso redor usando suas melhores habilidades para nos ajudar!

Seus clientes e colegas de trabalho também têm "dores". Quando você resolve um problema crônico do seu cliente, você não fez apenas um bom negócio... você melhorou a vida dele. Quando você deixa o trabalho de alguém da sua equipe mais legal, você melhorou também a vida dessa pessoa. Todos os dias, através do trabalho, temos a oportunidade de deixar contribuições assim.

Repito um conceito que já abordamos: se você parar para pensar, vai perceber claramente que é através do trabalho das outras pessoas que colocamos mais conforto, facilidade, economia, alívio e praticidade no nosso dia a dia.

Usar as suas habilidades mais destacadas para impactar positivamente as pessoas que estão ao seu redor: está aí o melhor trabalho que você pode exercer como ninguém.

O QUE EXCELÊNCIA TEM A VER COM AMOR?

Tudo. Simples assim. Quando você coloca os seus melhores talentos e a sua melhor disposição para agir em favor de alguém com essa intenção, está fazendo a demonstração mais prática possível de que você se importa muito com o próximo. Isso é uma verdadeira prova de amor. Como diria a escritora francesa Simone Weil: "Amar é dar o melhor do que tem e o melhor do que é em benefício do outro. Quem ama se importa. Quem ama doa. E nunca deu quem deu do seu sem dar de si".[50]

Você concorda comigo que amar as outras pessoas é uma das coisas mais importantes a serem feitas em toda a sua vida? Então chegamos ao parágrafo mais importante de todo este livro: **quando você trabalha com a intenção certa, não está só trabalhando**. Que melhor forma haveria de amar senão em entregar sua máxima dedicação em favor de alguém, conhecido ou não? Quando você faz a sua atividade profissional da melhor forma que pode, colocando as suas melhores habilidades a serviço das outras pessoas, não está apenas cumprindo uma jornada em troca de salário, você está usando todo o seu "horário comercial" para amar o próximo. Você está mostrando que se importa muito. Ao ajustar as suas intenções e colocá-las em ação com excelência, você acaba de transformar o seu trabalho em uma forma prática de amar. E isso muda tudo.

O QUE MUDA NA PRÁTICA?

Vamos comparar o trabalho de dois pilotos de avião. Os dois têm cabelos grisalhos, muitos anos de experiência e treinamento. Ambos são muito habilidosos e sempre foram muito bem avaliados pela competência técnica, ganham o mesmo salário e têm as mesmas expectativas de carreira. Mas um deles exerce a função apenas com o objetivo de juntar dinheiro

• • •

50 KIVITZ, E. R. op. cit. p. 175.

DÊ PROPÓSITO

para ter conforto na aposentadoria: não há nenhuma emoção nem sentimento envolvido, trata tudo como se fosse apenas uma simples transação comercial entre alguém que está "alugando" a sua capacidade de conduzir uma aeronave. O outro piloto vai além, faz o serviço com a consciência de que os passageiros precisam se transportar para compromissos importantes: ele sabe que há pessoas naquele avião que vão encontrar parentes amados que moram longe, famílias que finalmente vão conseguir tirar as sonhadas férias e pessoas que vão participar de reuniões importantes para a prosperidade de seus negócios, e por isso vê o trabalho como uma oportunidade se fazer algo muito útil para essas pessoas e dá o seu melhor para isso. Qual a diferença entre esses dois casos? Será que um pilota melhor que o outro? Será que um fala frases diferentes do outro no sistema de som do avião? Será que um trata os comissários de bordo diferente do outro? Não podemos afirmar que há diferenças nesse sentido, já que a intenção diferente não muda, necessariamente, a performance de cada um. O trabalho de um piloto, na maior parte do tempo, segue rígidos padrões. Fazer um trabalho bem-feito, para eles, se resume a decolar e pousar o avião em segurança. Eles devem apertar os botões certos na hora certa, fazer os comunicados combinados e seguir ao pé da letra os treinamentos que receberam. Inventar moda não é uma opção. Ficar conversando com o pessoal da torre de controle tampouco é algo que deve ser feito. As chances de falar "bom dia", "muito obrigado" e "por favor" representam menos de 1% do seu trabalho e, também, não está nessa cordialidade a maior diferença entre eles. O que muda, então, quando você age como o segundo piloto? **Muda você.**

Quando você trabalha com a intenção certa, não está só trabalhando.

@falajoaobranco

DÊ PROPÓSITO

A mudança que esperamos para ter um trabalho com significado não está em arrumar outra vaga, outro chefe, outro cliente. Não está na mudança de mercado e não precisa estar na mudança de um negócio tradicional para uma instituição sem fins lucrativos. Ela está no seu entendimento de "para que você está fazendo o que está fazendo".

Quando você consegue combinar uma atividade profissional que tem tudo a ver com as suas melhores habilidades e as coloca em prática com excelência, está fazendo algo que é muito útil para a sociedade. É a intenção de fazer isso como um gesto de serviço ao próximo que transforma o seu trabalho em uma forma prática de amar. É essa intenção que preenche a maior parte da sua vida com algo que tem um propósito mais elevado que apenas sobreviver financeiramente.

Repare: se você já é um profissional excepcional, não precisa trabalhar de modo diferente. O piloto de avião não deve declamar um poema aos passageiros. A sua descrição de cargo não muda: ele continua sendo contratado para fazer a mesma coisa, e não deve se desviar disso. O que muda é o seu coração. Isso, provavelmente, acabará sendo percebido pelos demais com o tempo, como um bom perfume que se espalha no ambiente e revela quem é aquela pessoa. Mas não é um aroma mais gostoso que mudará a sua atuação técnica como profissional.

E se você não ainda não está dando o seu melhor, temos algo a resolver.

A BUSCA PELA EXCELÊNCIA

Com o tempo, todos vamos percebendo nossas habilidades. Você já descobriu as suas? Uma maneira interessante de

EXCELÊNCIA É UMA DECLARAÇÃO DE AMOR

discernir suas qualidades é perceber a opinião dos outros a seu respeito. Quais são os elogios (verdadeiros, não apenas bajulação) que você mais recebe? Quais os feedbacks mais frequentes que são direcionados a você? Essas frases são presentes que chegam a você todos os dias, ensinando algo sobre você mesmo. Saber as suas limitações e potenciais o ajuda a entender que tipo de frutos você pode dar.

Você está começando a carreira e tem dúvidas em que área deve trabalhar? Está insatisfeito e quer tomar um novo rumo profissional? Minha melhor dica para você não está relacionada a "profissões que estão bombando em vagas no momento". Se o meu filho me fizesse essa pergunta, eu diria: tente trabalhar em uma área que combine algo que você é muito bom em fazer e de que muita gente precise. Naturalmente isso lhe trará sustento, e muito mais.

Talvez essa não seja uma pergunta muito fácil e você ainda precise experimentar coisas novas, pedir mais feedbacks e treinar mais até que descubra suas fortalezas. Tudo bem, isso não é tempo perdido. É tempo investido. E o retorno sobre esse investimento virá em demonstrações ainda melhores de amor ao próximo no futuro.

É inevitável revelar que eu descobri essas coisas através de algumas pessoas de fé. A primeira vez que tive contato com ideias parecidas com as que compartilho aqui foi quando li o livro *Como integrar fé e trabalho*, de Timothy Keller. Tim é um teólogo renomado mundialmente e, também, conselheiro de muitos executivos, empresários, atletas e artistas em Nova York. Foi lá que encontrei o depoimento do atleta escocês Eric Liddell, inspiração para o filme *Carruagens de fogo*, que dizia: "você pode agradar a Deus descascando batatas se

141

DÊ PROPÓSITO

descascá-las com perfeição".[51] Entendi que **quando nos aperfeiçoamos para sermos mais úteis para nossos clientes, estamos, na verdade, nos comprometendo em amar ainda mais ao próximo.**

Talvez você já tenha visto um vídeo que circula nas redes sociais mostrando um professor de uma escola na China.[52] Ele anda nitidamente cansado, cabisbaixo, pelo corredor de um colégio. Mas a câmera de segurança registra que ele para bem em frente à porta da sala de aula e, antes de entrar, ajusta a postura, sacode o rosto todo para sorrir, respira fundo e entra na sala de aula com a energia lá em cima. Ele se belisca, chacoalha, se prepara para a sua missão. Esse professor sabe que aqueles alunos precisam dele e ele não vai entregar nada que não seja o seu melhor. Eu também dou aulas e palestras. Quem já fez isso na vida sabe a diferença que ocorre na sua performance se você estiver animado e disposto. Só tem uma forma de conseguirmos fazer isso todos os dias: se tivermos certeza do **motivo de estarmos ali.**

Pegando emprestada uma ideia do meu amigo Fabiano Bispo, quero que o meu trabalho seja cada vez mais amador. Não amador de amadorismo. Mas amador de fazer com amor. Experimente trabalhar com essa nova atitude e observe a sensação que isso gera no seu coração quando põe a cabeça no travesseiro antes de dormir.

• • •

51 KELLER, T. op. cit.

52 TIRED teacher puts on 'happy face' before class #shorts. 2021. Vídeo. Publicado pelo canal NowThis News. Disponível em: https://youtube.com/shorts/i3Nz4IhFGgw?feature=share. Acesso em: 24 fev. 2022.

CAPÍTULO 8

HOJE

VALEU A PENA?

"

Não deixe o sucesso
subir à cabeça, não deixe
o fracasso descer
ao coração.

"

WILL SMITH[53]

---

53 Don't let success go to your head and failure go to your heart. (Tradução livre.) Em entrevista ao site *Esquire*, Will Smith cita a frase dita pela personagem Tia Vivian, em *Um Maluco no Pedaço*, intepretada por Daphne Maxwell Reid. In: RAAB, S. Will Smith on Kids, His Career, Ferguson, and Failure. **Esquire**, 12 fev. 2015.

Há quanto tempo você trabalha? Se somar todos os empregos pelos quais já passei, carrego mais de vinte anos de carreira. Uma conta rápida me mostra que isso dá mais de quatro mil dias trabalhados. Você já fez essa conta? É uma jornada intensa.

No meio desse caminho, percebi que essa "luta" teria muitos rounds. Os boxeadores não fazem um balanço de como está indo a disputa apenas no último round, eles vão fazendo prévias das contagens a cada gongo, para saber se precisam ajustar algo na ação do round seguinte. Também aprendi com os melhores maratonistas que, ainda que a corrida seja longa e o objetivo não seja ganhar de outra pessoa, uma boa performance exige uma monitoria regular do seu resultado desde o começo das provas. Muitos deles têm em seus equipamentos ou escrito nas próprias mãos as marcas intermediárias de tempo que precisam atingir para completar uma boa prova. A vida também é assim, ela é feita de ciclos. Toda manhã é uma nova oportunidade, um recomeço. Nossa vida completa é composta por milhares de "minividas" em sequência chamadas dias. Não acredito que este livro (ou nenhum outro) seja uma fórmula secreta para que todos os momentos sejam perfeitos, mas a ideia está em aumentar expressivamente a quantidade de dias bons para chegar ao fim de tudo com a sensação de que "valeu a pena".

DÊ PROPÓSITO

Quando me dei conta disso, alguns quilômetros dessa corrida já haviam sido andados, embora não desperdiçados, mas não tinha certeza se estava indo no ritmo certo e, principalmente, na direção correta. E o que fiz para resolver isso? Busquei apoio.

A forma mais fácil de resolver qualquer problema é pedir ajuda para quem é especialista em solucionar aquele tipo de questão. Isso vale para qualquer coisa na vida. Nesse caso, procurei um bom conselheiro de carreira, com quem mantenho conversas até hoje. Os primeiros encontros com o Antonio Nasser eram cheios de perguntas. Começamos entendendo melhor o meu perfil, depois passamos pelos meus objetivos e aspirações. Até que chegamos nas barreiras. Um dos principais conflitos práticos que surgiu estava por trás dessa pergunta: "Como posso ter uma vida com mais significado se gasto tanto tempo trabalhando?". Essa discussão nos levou a reflexões profundas, que mexeram comigo. A principal delas começou com essa reflexão: **"Entre os milhares de dias em que já trabalhei, quais foram os dias em que fui dormir com a sensação de que 'hoje valeu a pena'?".** Essa não é uma pergunta simples. Reduza a marcha neste parágrafo e pense na sua carreira, pois essa talvez seja uma das análises mais relevantes que você vai fazer sobre si mesmo em todo o livro: já houve algum dia em sua jornada profissional em que você terminou o expediente com o mesmo sentimento que gostaria de ter no coração todos os dias? Não estou falando apenas dos dias mais alegres nem dos que trouxeram boas notícias. Estou buscando os raros dias em que aquela sensação de vazio interior foi satisfeita. Um sentimento de que "hoje fiz o que nasci para fazer". De certa forma, gosto de brincar que

HOJE VALEU A PENA?

são os dias em que "Deus olhou para o meu trabalho e sorriu mais." Que dias foram esses? O que aconteceu neles?

Olhar para trás e relembrar toda a caminhada já percorrida nessa maratona me balançou. Eu me lembrei do dia que o meu primeiro chefe, Fabio Frochtengarten, me contou que eu seria efetivado. Quase me engasguei quando recebi a notícia durante um almoço. Também me lembrei do dia que o Marcio Andreazzi me fez uma proposta para trabalhar no Marketing da P&G, posição que eu tanto queria. E de quando o Juan Alfonso me contou que tive uma avaliação de desempenho muito boa pela primeira vez. Eu me lembrei de quando a querida Juliana Azevedo me promoveu a gerente de grupo. E dos dias em que aprendi com a mentoria do Daniel Campos – uma das pessoas mais brilhantes que já conheci. Também me lembrei das calorosas reuniões com os amigos italianos na Ferrero; de quando o Carlos Magan acreditava nas minhas ideias. Muitos outros marcos positivos ainda me vêm à mente, como o inesquecível dia que entrei na Arcos Dourados e o dia que conheci o Woods Staton, um dos empresários mais bem-sucedidos do nosso continente. Ou quando o Dan Gertsacov me efetivou como CMO e quando o Santiago Blanco me nomeou vice-presidente de marketing. Você também deve ter as suas memórias de dias em que coisas legais aconteceram no seu trabalho.

Mas também me lembrei de dias muito chatos. Já fui demitido, roubado, enganado, iludido, traído. Já errei, fracassei, me enganei, exagerei. Assim como já deve ter acontecido com você também. Como diz a música da banda Charlie Brown Jr, "Dias de luta, dias de glória".[54] Mas, afinal, quais desses dias se

• • •

54 DIAS de luta, dias de glória. Intérprete: CHARLIE Brown Jr. *In:* IMUNIDADE musical. Rio de Janeiro: EMI Records, 2004. Faixa 23.

DÊ PROPÓSITO

encaixam no exercício proposto? Em quais deles o vazio interior se preencheu?

Fiquei uma semana pensando nisso. Concluí que eu gostei muito dos dias em que conquistei reconhecimentos. Gostei mais ainda de quando realizei projetos interessantes. Mas entendi que não eram nenhum desses os meus dias mais completos. As noites em que eu ia dormir com um sorriso diferente no rosto vinham após jornadas em que algo especial havia acontecido. Especial no sentido humano. Os dias em que alguém tinha entrado na minha sala, fechado a porta com os olhos cheios de lágrimas e dito: "vim apenas agradecer por você ser tão compreensivo". Os dias em que alguém me revelara algo que estava no coração: "consegui por causa da sua ajuda". Não preciso expor os nomes nem contar detalhes dramáticos dessas histórias porque você também já deve ter passado por isso e sabe do que estou falando. Há momentos em que temos oportunidades especiais de ir além no nosso dia a dia. Nas vezes em que percebia isso e aproveitava, esses eram os "dias ideais". Os turnos em que o meu senso de propósito soltava fogos de artifício. Os dias em que até o meu bolso olhava para mim e gritava: "isso valeu mais do que o dinheiro que você ganhou hoje, hein?".

VOCÊ ACEITARIA TRABALHAR DE GRAÇA?[55]

Eu sei que todos temos boletos para pagar. Então vou resolver esse problema. Vou estalar os dedos e fazer de conta que

• • •

55 Adaptado de BRANCO, J. Você aceitaria trabalhar de graça? **Forbes**, 23 jul. 2021. Disponível em: https://forbes.com.br/colunas/2021/07/joao-branco-voce-aceitaria-trabalhar-de-graca/. Acesso em: 16 fev. 2022.

148

HOJE VALEU A PENA?

você recebeu uma herança bilionária, grana suficiente para garantir um excelente padrão para você e para sua família por toda a vida. Na prática, você não precisa mais se preocupar com dinheiro. Nunca mais. Com um novo estalo, vou dar a você cinco anos de presente para descansar, viajar, aproveitar e gastar um pouco dessa fortuna com coisas que você goste muito.

Pronto? Já aproveitou bastante?

Agora avance o calendário até o fim desse período mágico. Você já desfrutou desses sessenta meses fazendo as coisas que queria. Conheceu lugares incríveis, realizou desejos de consumo, distribuiu ajudas generosas para conhecidos, viveu experiências inesquecíveis e comeu as melhores delícias do universo. E, depois dessa fase de vida boa, percebeu que ainda não gastou nem uma fração do seu imenso patrimônio e continua não tendo que se preocupar com a conta bancária.

E agora, o que você vai fazer? Toparia dedicar parte do seu tempo fazendo algo gratuitamente? Se a sua resposta foi "sim" ou "depende", é com você que quero conversar.

Não estou diminuindo a importância do dinheiro. É óbvio que uma proposta de emprego para ganhar "o dobro" balança as estruturas de qualquer um. Mas tenho certeza de que há uma motivação maior que nos empurra todos os dias. E uma das formas de descobrir a sua é justamente se perguntando como reagiria na situação acima. Pense: em qual tipo de atividade você aceitaria trabalhar totalmente de graça?

Não estou prometendo uma rotina fácil, nem um ambiente só com alegrias. Mas vai ser algo de que você vai gostar tanto que aceitaria fazer até sem receber nada material em troca. O que seria?

149

@falajoaobranco

Quanto mais atentos estamos aos momentos em que conseguimos agir imersos em nosso propósito, mais nosso tempo trará a sensação de significado.

HOJE VALEU A PENA?

Essa pergunta me intriga porque lembro da tradicional ideia de que se você trabalhar com algo que ama, não vai mais precisar trabalhar. Honestamente, descobri que não concordo com ela. Quem vai nesse caminho sonha em encontrar uma vaga na qual não vai ter problemas, dificuldades, pressões ou incômodos. Um lugar onde as relações humanas são compreensivas, todos os dias são cheios de propósito e as atividades são sempre prazerosas. Desculpe, mas esse emprego não existe.

Eu acredito mais na ideia de tentar gostar do que se faz do que em procurar um trabalho perfeito. Se você pensar bem, vai perceber que, mesmo em um emprego chato, você tem momentos positivos. Com certeza na sua amostra de dias já trabalhados, vai encontrar dias "ideais", e ouso dizer que o que você fez neles seria algo que provavelmente aceitaria fazer sem ser pago.

A grande pergunta, então, não é "o que você gosta de fazer?" nem "como você vai conseguir um emprego perfeito?". Trabalho vai continuar sendo "perrengue". Pergunte a um líder de uma ONG, igreja ou projeto social se o trabalho deles é fácil. Pergunte a um influenciador digital, um artista ou um atleta se a rotina deles é tranquila ou se eles têm o trabalho dos sonhos. Mesmo quem se dedica integralmente a algo que parece mais humano, nobre, sagrado ou prazeroso vai te encher de reclamações se tiver intimidade para falar.

Não há emprego perfeito. Mas há algo que você pode fazer para ter mais felicidade no ambiente profissional: descobrir como ter mais dias parecidos com os dias ideais que pensamos acima. A pergunta certa é: **como você pode ajustar sua agenda, seu estilo de trabalho, suas relações e,**

DÊ PROPÓSITO

principalmente, suas intenções, para que se sinta bem com mais frequência no trabalho? É isso que estamos propondo nestes quatro passos.

Muito possivelmente você não conseguirá viver assim todos os dias. Mas com certeza poderá influenciar para que uma parte maior do seu calendário seja ocupada por momentos cheios de significado.

HOJE VALEU A PENA?

A proposta desta última etapa é justamente esta: fazer uma checagem antes de encerrar o dia. Pode ser no caminho para casa, durante o banho ou já com os olhos fechados na cama. Estacione o "trem-bala" dos seus pensamentos na garagem da oficina e faça uma revisão dos quilômetros andados no dia: *Hoje valeu a pena?*.

Hoje foi um desses "dias ideais" ou foi apenas um dia qualquer? Você aproveitou a oportunidade de amar o próximo através do seu trabalho ou só trocou serviço feito por holerite pago? Você deu o seu melhor com a intenção de ser útil ou se arrastou no trabalho? Hoje você foi intencional em querer estar lá ou você não via a hora de fugir do escritório? Como foi a "minivida" de hoje?

Essa "reunião com você mesmo" não é para ser uma sessão de autochibatadas. Nem uma tortura de autocobrança diária. É um momento de "contemplação". Como uma tenista que relembra os principais lances após a partida, um humorista que repara nas piadas que o público mais gostou no show daquela noite. Ou como Deus, que no processo da criação do mundo, produziu uma coisa diferente em cada dia e tomava

HOJE VALEU A PENA?

um tempo para ver como elas ficaram.[56] Acho curioso ler "E Deus viu que o que havia feito era bom. A noite passou, e veio a manhã." Será que Deus não sabia se o que ele fez tinha ficado bom ou não? Gosto de pensar que Ele está nos ensinando o valor de fazermos esse momento de observação. Não para provocar depressão, mas para dar satisfação. Relembrarmos as coisas belas que aconteceram, as oportunidades que aproveitamos, a suficiência do que fizemos, o "presente" que recebemos naquelas vinte e quatro horas anteriores. Essa reflexão é um momento de se desarmar e reconhecer o valor do nosso tempo, da nossa existência. E também de entender o que está acontecendo ao nosso redor.

Repito: o objetivo não é se punir por dias chatos e vazios, mas é o de percebê-los. Quanto mais atentos estamos aos momentos em que conseguimos agir imersos em nosso propósito, mais nosso tempo trará a sensação de significado. No começo você pode encontrar poucos exemplos significativos no seu dia. Mas, como estará mais ligado nisso, vai começar a enxergá-los. Imagine conseguir colocar uma sensação de dever cumprido em um dia por semana ou quem sabe em metade da sua jornada de trabalho? Isso já vai ser muito mais do que fazer uma pequena ação social por mês e vai preencher o vazio de uma maneira muito mais consistente.

Questione como é possível atuar em favor disso, como fazer as pessoas se sentirem seguras com você, acolhidas. Sempre existe o interesse de fazer com que a pessoa continue produzindo e fazendo bem o seu trabalho, mas você também

• • •

56 Gênesis 1:1-31.

DÊ PROPÓSITO

tem a oportunidade de fazer a diferença como ser humano. Isso vale para qualquer trabalho ou profissão. Sintonize-se com você, com o seu dia, antes de encerrá-lo, e se pergunte: *Hoje foi bom? Valeu a pena?*

OPERE NO MODO GPS

A parte boa de começar a avaliar seu dia é que você vai perceber que na maioria das vezes ele poderia ter sido melhor se você tivesse sido mais sensível, intencional ou simplesmente presente. E isso é bom? É sim. Basta você mudar a sua mente para o Modo GPS. Aprendi esse exemplo com um outro amigo que me dá bons conselhos, o Sidney Costa. Você já deve ter usado um desses aplicativos de trânsito, como o Waze. E deve lembrar também como o GPS reage quando você comete um erro. É muito diferente de como nós reagimos conosco. Quando eu perco uma entrada, o Waze não me acusa dizendo "poxa, João, de novo isso, toda vez você erra essa entrada; presta atenção, agora vai demorar um tempão pra vir o retorno, como você é lerdo." Ele não critica, simplesmente *recalcula*. E isso é uma grande lição. Em vez de gastarmos tempo nos castigando pelos dias que não fizemos valer a pena, podemos simplesmente recalcular. E amanhã? O que posso fazer de diferente? Qual novo caminho posso pegar? Ficar se criticando e se colocando para baixo não serve a mais ninguém – e, principalmente, não serve a você. Foco no novo caminho: o que você pode fazer de diferente para amar alguém amanhã?

Levar o coração para o trabalho está diretamente ligado a saber amar os outros na prática. Então precisamos nos perguntar como foi que demonstramos amor naquele dia.

HOJE VALEU A PENA?

Não só olhar para o sofrimento de alguém e amar profundamente, mas fazer algo.

Parar no final do dia para entender o que valeu a pena e o que poderia ter melhorado dá um novo sentido às coisas. Nosso "gabarito" está em checar se conseguimos ter um dia alinhado com os nossos propósitos, nada além disso. Dentro dessa nova perspectiva, por exemplo, os elogios e as críticas que recebemos de outras pessoas podem perder importância. Essas palavras nos ajudam a perceber nossas qualidades e nossas falhas, mas também podem ser exageradas, interesseiras, injustas ou enviesadas e sem valor para nós. Por isso precisamos estar em paz conosco, e saber avaliar nossos dias intimamente, naquele momento antes de dormir. Se você conclui que está indo o mais rápido que pode, críticas de que você é lento demais não servirão para nada, e elogios de que você é o "mais veloz do mundo" podem chamar a atenção a ponto de fazê-lo começar a ir mais devagar. Compare sua caminhada com os sonhos do alto para você. Hoje você foi na direção certa? Então faça as pazes com a sua consciência e recarregue as baterias para mais uma minivida que se iniciará em breve.

No livro *O milagre da manhã*,[57] Hal Elrod comenta que existe uma grande chance de você acordar pela manhã com a mente ligada na última coisa que pensou antes de dormir. É quando o ciclo recomeça. Por isso, terminar o dia fazendo esse momento de fechamento vai ajudar a alimentar o seu senso de significado para o dia seguinte, criando um pique para acordar

• • •

[57] ELROD, H. **O milagre da manhã**: o segredo para transformar sua vida. Rio de Janeiro: BestSeller, 2016.

DÊ PROPÓSITO

cedo e enfrentar tudo de novo. E só você sabe quantas vezes esse pique simplesmente desapareceu.

Deixo aqui algumas perguntas para você se fazer enquanto aquece o hábito de refletir sobre seu dia. Depois de um tempo, você não vai mais precisar delas, saberá exatamente o que investigar dentro da sua mente e das suas memórias das últimas vinte e quatro horas. Não se esqueça, nossos dias são limitados e muitos já passaram. Cada dia conta.

- Como tratei o meu cliente hoje?
- Como tratei o meu chefe?
- Como tratei o meu funcionário?
- Com qual intenção fiz as minhas tarefas?
- O meu trabalho foi uma demonstração prática de amor por alguém em algum momento?
- Aproveitei as oportunidades que apareceram para deixar um impacto positivo na vida de alguém?
- Fui intencional nas minhas ações ou estava no piloto automático?

CAPÍTULO 9

SEU TRABALHO, SUA MISSÃO

> **O trabalho não é o que se faz para viver, mas o que se vive para fazer.**

Dorothy L. Sayers[58]

---

58 A thing one does to live, but the thing one lives to do. (Tradução livre.) *In:* SAYERS, D. L. **Letters to a diminished church: passionate arguments for the relevance of christian doctrine**. Tennessee: Thomas Nelson, 2004.

Lembra do gênio da lâmpada do começo deste livro? Ele apareceu de novo, e agora lhe ofereceu um presente diferente: você ganhou um dia completamente seu, na próxima segunda-feira. Sem responsabilidades, obrigações nem preocupações. O verdadeiro *day off*, você pode fazer o que quiser, onde quiser. Na verdade, você tem a chance de passar oito horas em qualquer lugar do mundo. Vamos fazer um teletransporte para lá logo cedo e o retorno acontecerá no fim da tarde. Para onde você deseja ir?

Vou deixar mais um gancho para você pensar na resposta. Onde você quer passar o horário comercial da sua próxima segunda-feira? Escolhi esse dia de propósito, para dar uma mínima chance de o pensamento ir para algo relacionado à sua vida profissional. Mas eu aposto todas as minhas fichas que você não pediu ao gênio para ficar no seu trabalho.

A pergunta que está por trás dessa brincadeira é mais séria: se você pudesse escolher, onde estaria enquanto está trabalhando? Não estou falando de trabalhar remotamente, e sim de onde seu coração e seus pensamentos estão enquanto seu corpo está no emprego.

Tem gente que coloca uma imagem paradisíaca no fundo de tela do computador. Outros deixam um porta-retrato com

DÊ PROPÓSITO

uma imagem da família na posição de destaque na mesa. E ainda tem gente que pendura um calendário com as sete maravilhas do mundo na parede do escritório. Por que fazemos isso?

Pode ser que a gente simplesmente esteja trazendo uma pequena boa lembrança à nossa rotina. Mas tendo a acreditar que muitas vezes não estamos apenas decorando a nossa estação de trabalho, pode ser que nosso inconsciente esteja tentando dizer algo para nós mesmos. Estamos colocando um lembrete que pisca o dia inteiro: "eu não queria estar aqui".

Calma, esse texto não existe para defender a teoria de que não devemos ter fotos dos filhos no trabalho. Eu também gosto de lembrar dos meus. Mas o que aconteceria se a gente almoçasse um prato de chuchu cozido todos os dias pensando em uma comida cheia de sabor?

O trabalho nunca vai ser tão prazeroso como um fim de semana de férias. Mas ele ocupa tempo demais na nossa agenda para não ser algo que traz coisas boas. Se a vida fosse um banquete, ouso dizer que o trabalho seria o prato principal. Não por ser o mais importante, mas pela proporção que ele ocupa. E não faz sentido participar de um jantar sem desfrutar do prato principal. Nós passamos mais da metade da vida adulta trabalhando, como podemos ajustar as nossas intenções para querer estar ali?

O segredo está em mudar a forma como vemos o nosso trabalho. Trabalhar é servir, uma atividade que muda o mundo e constrói a realidade. Trabalhar é ser útil, ajudar os outros e suprir a necessidade do próximo. Trabalhar é um "bem necessário" porque o mundo precisa do seu trabalho.

SEU TRABALHO, SUA MISSÃO

O trabalho não é uma barreira para os seus propósitos de vida, talvez ele seja justamente o meio. Trabalhar não é apenas um "aluguel" das suas capacidades, é também a oportunidade que você tem de entregar um presente diário para outras pessoas.

Sei que nunca vamos colocar um porta-retrato com uma foto do escritório na nossa sala de casa. Mas hoje o convite é para que você repense a relação que tem com esse ambiente. Se você quiser, tudo pode ser diferente.[59]

FELIZ TRABALHO NOVO

Como diria a escritora inglesa Dorothy Sayers: "o trabalho não é o que se faz para viver, mas o que se vive para fazer".[60] O seu trabalho não é só o seu trabalho. Você pode olhar para essas horas e imaginar que elas são apenas uma ocupação grande demais na agenda, mas o que estou tentando mostrar a você desde o começo deste livro é que a sua atividade profissional é muito mais do que isso. Se você não encontrar um significado maior no compromisso que ocupa mais da metade do seu tempo acordado, permanecerá insatisfeito sobre esse assunto.

Um filme que ilustra esse assunto ao extremo é o *Até o último homem*, dirigido por Mel Gibson e indicado seis vezes ao Oscar em 2017. O longa-metragem é baseado na história

• • •

59 BRANCO, J. João Branco: Onde você queria estar enquanto está no trabalho? **Forbes**, 22 out. 2021. Disponível em: https://forbes.com.br/carreira/2021/10/joao-branco-onde-voce-queria-estar-enquanto-esta-no-trabalho/. Acesso em: 24 fev. 2022.

60 SAYERS, D. L. op. cit.

DÊ PROPÓSITO

real de Desmond Doss, um rapaz que se alistou para o exército dos Estados Unidos durante a Segunda Guerra Mundial. Doss se recusava a pegar em armas e matar, mas serviu como médico e salvou sozinho quase cem soldados feridos nos embates – tanto americanos quanto oponentes.[61] Mesmo em um contexto tão adverso, onde raramente vemos a oportunidade de fazer algo que se pareça diretamente com amar o próximo, Doss percebeu a chance de fazer a diferença. Por meio do seu trabalho, ele cumpriu a sua missão.

Você não precisa encontrar um trabalho de salva-vidas para cumprir a sua missão. Nem mudar de emprego para resolver esse dilema. Tampouco é necessário ganhar na Mega-Sena acumulada para finalmente trabalhar com algo que tenha uma função social diferente. Também não precisa forçar a barra para tentar se aposentar jovem ou fazer horas de meditação para buscar paz de espírito "apesar do trabalho". A resposta também não está nas horas vagas, está no seu trabalho atual. Ele mesmo, esse seu emprego imperfeito, espinhento e doloroso. Até ele pode ser visto de uma forma muito diferente.

Quando entendemos que o nosso trabalho é justamente o local onde mais temos oportunidade de fazer algo útil que melhora a vida das outras pessoas, ele ganha outro sentido. Seu trabalho pode ser a sua missão se você trabalhar com essa intenção.

• • •

61 MORISAWA, M. 'Até o Último Homem': a verdade é mais inacreditável que o filme. **Veja**, 3 fev. 2017. Disponível em: https://veja.abril.com.br/coluna/e-tudo-historia/ate-o-ultimo-homem-a-verdade-e-mais-inacreditavel-que-o-filme/. Acesso em: 16 fev. 2022.

SEU TRABALHO, SUA MISSÃO

Muita gente usa a palavra "serviço" para falar do seu emprego. Já parou para pensar em como essa é uma palavra forte? Quando você sai de casa para trabalhar, está indo até um lugar onde se dedicará a servir. Isso significa se importar tanto com as necessidades dos outros quanto com as suas. Servir é se empenhar em suprir o próximo da melhor maneira possível.

No seu trabalho pode existir um contexto explosivo no qual você pode colocar em ação os seus talentos com excelência, possibilitando que você faça algo que as outras pessoas precisam que seja feito. Faça tudo com essa intenção, todos os dias, e você verá uma transformação acontecer.

Seu trabalho não vai ficar mais fácil, as tarefas não vão diminuir de quantidade, o salário não vai aumentar. E as pessoas não vão ficar mais legais com você por causa disso automaticamente, mas dentro de você, tudo vai mudar. E isso é o mais importante. Os pensamentos incômodos como *o fulano deve estar ganhando mais do que eu* ou *preciso ser promovida antes que ela* ou até *nunca vou ficar famoso nesse servicinho chato* darão lugar a pensamentos como *hoje estou fazendo a diferença na vida de alguém, eu fiz o que tinha que fazer* e *que bom que tratei aquela pessoa como eu gostaria de ser tratado.* E isso transborda em nós. Não importa o que você faça, seu nível de instrução ou hierarquia.

Você estava pensando em procurar novas vagas em outras empresas porque queria preencher esse vazio? Pense bem, com essas atitudes, você é capaz de mudar de trabalho sem precisar mudar de emprego.

@falajoaobranco

Seu trabalho pode ser a sua missão se você trabalhar com essa intenção.

NOVAS OPORTUNIDADES DE AMAR

"João, isso significa que nunca devo buscar outras vagas? Jamais poderei trocar de emprego?" De maneira alguma. Em primeiro lugar, se você tem sérios conflitos nas práticas que acontecem em seu trabalho com os seus valores pessoais, não tem o que discutir, esse definitivamente não é o seu lugar. Quanto a todas as outras possibilidades de mudanças, a pergunta que deixo para ajudá-lo a decidir é: por que você está pensando em mudar?

Se o que está causando essa dúvida é apenas um trampolim de carreira, um status social ou um benefício financeiro de curto prazo, pense melhor na sua decisão. Mas se você está percebendo a oportunidade de se mover em direção a um lugar que tenha mais a ver com as habilidades e talentos que você descobriu em si mesmo, um ambiente no qual acha que vai conseguir ser ainda mais útil ou servir ainda mais pessoas, consigo entender suas ambições. Essa pode ser uma alternativa interessante para trazer a você mais satisfação na vida. E digo "na vida" porque, a essa altura, já fica claro que as decisões de trabalho não afetam apenas questões profissionais. Mas, como falamos no capítulo 5, lembre-se de que as intenções importam. Seja sincero consigo mesmo e decida pelo cenário em que a sua consciência fica em paz. A verdade é que a sua sensação de realização não está no seu trabalho, está em você. Não tente resolver isso mudando de trabalho, mude primeiro a si mesmo.

OS RASTROS QUE DEIXAMOS

A gente deixa rastros por onde passa. Pegadas no chão, impressões digitais, um toque de perfume no ar... em tempos

DÊ PROPÓSITO

digitais, deixamos registros em cada página visitada na web, mas no mundo real, deixamos memórias. Lembranças das nossas ações, reações ou indiferenças. Por onde andamos, deixamos mais que marcas de sapatos no piso.

Estou entrando em um novo emprego, será que eles vão me tratar bem? Amanhã começo um novo curso, será que o conteúdo vai ser bom? Semana que vem vou conhecer minha chefe, será que ela vai ser simpática?

A gente costuma se preocupar mais com o que vai "pegar" do que com o que vai "deixar", mas o que constrói o nosso legado são as marcas que nós imprimimos nos outros, e não o contrário.

Por exemplo: Como você se despediu dos colegas de trabalho na última vez que deixou um departamento ou empresa? Como você agradeceu alguém que fez uma coisa que foi muito importante para você? Como lidou com os feedbacks construtivos que recebeu? Todas essas situações são oportunidades para você colocar em prática os seus valores. É nessas horas que expressamos quem somos e no que acreditamos.

Eu já errei muito. Em vários momentos fui teimoso, insensível, pouco empático. Se pudesse voltar atrás, teria mudado alguns dos passos na caminhada, mas também fico feliz em ter aproveitado bem outras oportunidades. E principalmente por ter aprendido a reconhecer a importância dessas relações enquanto ainda há tempo de tentar melhorar.

No mundo dos negócios, é essencial entregar resultado, mas existem muitas formas de alcançá-lo. É bom olhar para trás e ver quantos degraus subimos, e é ainda melhor poder refletir sobre as nossas pegadas e vermos que junto delas tentamos deixar um bom exemplo pelo caminho.[62] Como escreveu Ed René:

> À proporção que as forças para empreender e conquistar vão ficando pelo caminho, mais focado vamos nos tornando em ser e desfrutar. Cada vez menos importa o que temos ou acumulamos, e cada vez mais importa o tipo de gente que nos tornamos. [63]

Em resumo: **o que estamos nos tornando é mais importante do que estamos conquistando.**

A MISSÃO NA PRÁTICA

Falamos até aqui de uma nova forma de enxergar a rotina profissional. A ideia é sair do modo "piloto automático" através da prática diária de quatro pontos:

1. Comece com a intenção certa: ajuste seus pensamentos e motivações desde o início do dia. Leve o seu coração para o trabalho;

2. Lembre-se de que as pessoas precisam do que você faz. É por meio do seu trabalho que a vida de muita gente fica melhor;

3. Trabalhe com excelência, porque quando você se dedica a trabalhar com algo que sabe fazer bem e dá o

• • •

62 JOÃO BRANCO. **O que você deixou por onde andou?**. 1 dez. 2020. LinkedIn: falajoaobranco. Disponível em: https://www.linkedin.com/pulse/o-que-voc%C3%AA-deixou-por-onde-andou-jo%C3%A3o-branco-do-m%C3%A9qui/?originalSubdomain=pt. Acesso em: 24 fev. 2022.

63 KIVITZ, E. R. op. cit. p. 145.

DÊ PROPÓSITO

seu melhor, tem a chance de fazer uma demonstração prática de amor ao próximo;

4. Examine-se ao final de cada dia: perceba seus dias sendo invadidos por mais presença de propósito e significado. Reajuste a rota sempre que for necessário.

Implementando essas mudanças, você romperá o ciclo da "vida de zumbi" e transformará o seu trabalho. Os seus dias vão mudar – e o resultado deles também. Sendo intencional, o ato de trabalhar vira algo que vai além da carreira, algo que tem um sentido maior e que está relacionado ao significado da sua existência.

E essa é a grande busca do propósito, não é mesmo? Para que você nasceu, para que você está aqui? Você acredita que tem algo a fazer na sua vida? Se sim, são grandes as chances de que vá ser através do seu trabalho que vai conseguir fazer isso. Quando você está trabalhando, está fazendo o que veio para fazer, está cumprindo o seu propósito, colocando em prática as coisas que entende que fazem parte do seu chamado. O trabalho vai ganhar outro significado, outra dimensão, outro valor. Tudo porque você colocou nele intenção, amor, excelência e consciência.

Você quer causar um impacto positivo nas pessoas que estão ao seu redor? Lembre-se de que os seus colegas de trabalho olham mais tempo para você do que para os próprios familiares. Para muitas pessoas, o lugar onde elas interagem mais regularmente com uma pessoa que tem valores e caráter como os seus é exatamente no seu local de serviço. Por isso, somos responsáveis por contagiar nossos colegas com o exemplo que queremos deixar. O escritor Mark Russel nos deixa uma provocação importante: "Qual é o melhor modo de as pessoas enxergarem o seu verdadeiro caráter senão quando você está trabalhando ao lado delas?". [64]

MISSÃO COMPRIDA

Eu não errei a expressão que escrevi acima, a sensação é essa mesma. A missão é compriiiiiiiiiida. É uma jornada de um dia após o outro, uma maratona que demanda decisões diárias. Como você está escolhendo viver esse dia?

Hoje eu escolho que vou trabalhar com a intenção de amar. Decido que vou fazer o meu melhor, porque entendo que estou fazendo isso como uma demonstração de cuidado pelo próximo, e esse ato de amor é a coisa mais importante que posso fazer na vida. Essa é a forma de viver que me preenche com maior sensação de "foi isso que nasci para fazer", dando significado às minhas horas de trabalho, que representam a maior parte do meu tempo. Quero ver o meu traslado até o trabalho não como uma caminhada rumo a um presídio em regime condicional, mas uma rota em direção ao meu "projeto missionário" – um lugar em que estou porque quero estar. Lá estou em uma missão de ser o melhor profissional que puder, entendendo que toda e qualquer atividade que eu fizer é muito útil e importante para alguém. Hoje eu serei o meio pelo qual as necessidades de outras pessoas serão supridas. Hoje eu serei a resposta para quem está pedindo o "pão nosso de cada dia" em suas orações. Quero receber uma remuneração justa por isso, mas sei que existe uma recompensa ainda maior que o salário me esperando. E é para isso que eu acordo cedo todos os dias.

• • •

64 RUSSELL, M. L. **The missional entrepreneur:** principles and practices for business as mission. Alabama: New Hope Publishers, 2010.

@falajoaobranco

Somos responsáveis por contagiar nossos colegas com o exemplo que queremos deixar.

SEU TRABALHO, SUA MISSÃO

Quando entendemos que temos uma missão, tudo muda. Ao entender que estamos fazendo "os dias valerem a pena, um após o outro", a chance de que no fim da vida você vá olhar para trás e falar "a minha vida valeu a pena" é muito grande.

Mas é preciso lembrar que essa maratona sempre terá um fim. Essa corrida é comprida, mas não é eterna. Nossa vida por aqui tem um limite, nossos dias são contados, e cabe a nós desfrutarmos deles da melhor maneira possível.

MAIS UM DIA

E se parece que a missão está mais comprida do que deveria ser, que seus objetivos nunca são atingidos, a lição que aprendi é que vale a pena esticar o cronograma de um projeto, mesmo que sejam poucos dias extras, porque ainda é melhor do que não acrescentar nenhum tempo a mais.

Um bom exemplo para entender esse conceito é pensar na nossa relação com os exercícios físicos. Se você tem o sonho de correr uma maratona, pode acreditar que vai precisar passar vinte e quatro horas na academia e correr por duas horas todos os dias. Só em imaginar já dá uma preguiça imensa, e é nessas horas que todo mundo desiste. Mas a questão é que adicionar mais dias de treino é melhor do que não colocar nenhum. A quantidade de dias extras só vai alterar a data em que você atingirá o seu objetivo, mas cada um desses dias o deixará mais próximo do seu objetivo. Esse ajuste na rota também causará um aumento significativo do seu bem-estar, da sua felicidade, da sua satisfação pessoal.

O mesmo vale para quem gostaria de ser uma pessoa mais presente com a família: coloque mais dias assim no seu

DÊ PROPÓSITO

calendário, em vez de esperar o momento em que você vai conseguir estar o tempo todo com eles. Porque a vida não espera, seus filhos não vão esperar para crescer, sua esposa (ou marido) não vai ficar esperando para sempre. Coloque todos os dias que puder, um por vez, de acordo com as suas possibilidades. Se ficar esperando o momento perfeito de plena disposição, você estará aposentado e seus filhos adultos, completamente desconectados de você.

Se você não quer que o trabalho seja só um momento de focar em pagar os boletos, coloque mais dias em que o seu trabalho vai muito além da atividade que você executa. Um único dia é tão valioso porque o significado é o resultado de uma ação, e não a causa. Você precisa agir para o significado acontecer, não dá para ficar esperando sentir o significado para então finalmente levantar do sofá.

LEVE SEU CORAÇÃO PARA O TRABALHO

Quero que você repense o propósito como o ato de levar seu coração para o trabalho. Qualquer trabalho tem muito propósito e muito serviço ao próximo para oferecer. Quando chegar ao trabalho e iniciar seu dia, aproveite para checar se seu coração veio junto com você ou se ele ficou em casa.

Isso também obriga você a se abastecer de significado pela manhã, se encher do que vai oferecer ao longo do dia. Assim como o taxista que antes de começar o dia de trabalho passa no posto de gasolina e enche o tanque do carro e sabe que, agora sim, ele está preparado para trabalhar, você precisa sintonizar seu coração ao chegar no trabalho, para que a partir dele você tenha um plano de ação para coisas boas.

SEU TRABALHO, SUA MISSÃO

"Cada um dá o que tem." Esse é um ditado popular que também está registrado de uma outra forma na Bíblia: "a boca fala do que o coração está cheio".[65] Existe uma importante relação entre o que sentimos e o que comunicamos. O que você vai falando e fazendo ao longo do dia é um reflexo de como você está por dentro. Em cada palavra que diz, cada mensagem que escreve, cada reação que tem ao longo do dia, cada decisão que toma, as outras pessoas podem perceber o que está em seu coração. Invista esses minutos pela manhã para enchê-lo de boas intenções, de bons sentimentos, de amor, de fé e garantir que você está levando o seu melhor para o trabalho. É a forma que você tem de abastecer o seu carro e garantir que, ao longo do dia, você tem o que precisa para entregar coisas boas aos outros. Para conseguir sair do piloto automático e fazer isso acontecer, é preciso estar intencionalmente presente.

Leve o coração para o trabalho. E não deixe sua mente sufocar você, porque sua razão é muito importante, útil e inteligente, mas ela deve estar alinhada ao seu propósito. Não deixe que o seu lado pragmático o faça esquecer que você está ali para amar os outros, colocar a mão na massa e fazer isso da melhor forma, vivendo um amor prático. Mais do que pensar em amar, você vai amar habilmente – se for cantor, precisa ser afinado; se for advogado, precisa ter estudado muito as leis. As pessoas precisam tirar proveito do que você faz.

Mudar a forma como você encara seu trabalho para ter propósito é não precisar mudar de emprego para viver o

• • •

65 Mateus 12:34.

173

DÊ PROPÓSITO

significado pleno, é vislumbrar uma vida muito melhor para hoje mesmo, e não para um futuro que talvez nunca chegue. É ser, simplesmente, uma boa professora, um bom marketeiro, um bom cozinheiro, um bom professor de caratê, dia após dia, entendendo quanto amor ao próximo existe na realização dessas ocupações. É despertar para a sua intenção de fazer cada dia valer a pena e de cumprir a sua missão.

CAPÍTULO 10

MISSÃO
CUMPRIDA

66

Não sei como conseguiria
viver se não seguisse
o que acredito.

99

DESMOND DOSS[66]

• • •

66 DOSS, D. "I don't know how I'm going to live with myself if I don't stay true to what I believe". **Quote Catalog**, 2022. Disponível em: https://quotecatalog. com/communicator/desmond-t-doss. Acesso em: 6 fev. 2022.

APOSENTE-SE AGORA[67]

Chegamos ao meu exercício preferido do livro. Faça de conta que você trabalhou o resto da vida no mesmo emprego ou negócio no qual está hoje e está prestes a se aposentar. Obviamente, até esse dia chegar, você terá mudado de função algumas vezes, talvez mudado completamente o que faz e com quem trabalha. Mas seguiu na mesma organização até o fim. E quando o esperado dia de pendurar as botas chegou, seus colegas de trabalho decidiram fazer uma festa de despedida. Para essa oportunidade, eles prepararam uma homenagem seguindo um esquema parecido com o "arquivo confidencial" que passa na televisão. Trouxeram vários depoimentos em vídeo de pessoas que trabalharam com você ao longo dos anos. Chamaram seus pares, ex-chefes, funcionários, principais clientes, alguns fornecedores e até o pessoal da faxina do escritório. Todo mundo quis deixar uma mensagem de despedida.

O que você gostaria de ouvir nesses depoimentos? Provavelmente seus bons resultados de negócio serão mencionados.

• • •

[67] BRANCO, J. Estou me aposentando aos 40 anos. **Meio & Mensagem**, 24 ago. 2020. Disponível em: https://www.meioemensagem.com.br/home/opiniao/2020/08/24/estou-me-aposentando-aos-40-anos.html. Acesso em: 24 fev. 2022.

DÊ PROPÓSITO

Talvez você até receba uma plaquinha de homenagem pelos serviços prestados à empresa, afinal, foram décadas de dedicação. Mas eu acredito que esse não será o discurso que mais o emocionará.

A gente gasta mais da metade do nosso tempo acordado trabalhando. É bastante coisa. É como se fosse mais da metade da vida – e ela corre rápido. Até que chega um dia em que a gente percebe que gastou a vida toda respondendo ligações de clientes, apagando incêndios, batendo metas e atendendo a pedidos. E vem aquela sensação de que tudo passou tão rápido que nem deu tempo de colocar algum significado nisso tudo. Para que mesmo eu corria tanto?

O mundo do trabalho exige muito foco no momento presente e nos resultados. O faturamento do fim de semana, o fechamento do trimestre, o saldo de caixa do dia do vencimento das dívidas, e as metas que temos para bater nos deixam com a sensação de que somos um jogador de futebol em plena Copa do Mundo. Ninguém quer que aquele atleta perca o foco. Ele tem que pensar no hoje, no agora, e dar o seu melhor. Mas penso que muitos deles, se pudessem voltar atrás na oportunidade única que tiveram, teriam feito coisas diferentes. Não teriam se dedicado menos, mas teriam aproveitado melhor as chances que tiveram. É exatamente essa a minha preocupação.

Não quero tentar agradar todo mundo para receber apenas bajulação no dia da despedida. Mas não posso deixar passar a oportunidade única de gastar a minha vida em algo que tenha um propósito maior, que marque as pessoas e que me deixe com aquela sensação de que valeu a pena tanto esforço. Um sentimento que não será consequência de um bônus polpudo (que certamente é bem-vindo), de um cargo com nome bonito ou do tamanho do escritório. Terá mais a ver com os depoimentos do exercício que fizemos. Ouso dizer que nossa lembrança será mais marcada pela forma como tratamos as pessoas do que pelas promoções e conquistas que alcançamos.

Entre um testemunho de que "João sempre foi muito oportunista" ou um "João sempre foi um marketeiro muito humano", certamente fico com o segundo. Entre um "João sempre dava entrevistas boas" ou um "João deixou um exemplo de integridade de que nunca vou esquecer", não tenho nem o que pensar para escolher. Demorei um pouco para entender isso, mas descobri que já estou me aposentando. Não hoje, nem amanhã. Não quero dizer que estou de fato me aposentando agora, mas que percebo que nesse exato momento já estou construindo o legado que vou deixar quando parar de trabalhar. **As memórias que você quer gravar nos outros sobre a sua carreira são construídas justamente enquanto está trabalhando, e não depois que parar.**

Você quer ser lembrado como um profissional que trabalha com o coração? Então por mais cheia que esteja a sua agenda, o compromisso mais importante que você deve colocar nela todos os dias é não esquecer de demonstrar sentimentos pelos outros e pelo seu trabalho hoje. Está aí o melhor plano de previdência do mundo.

PREZADO EU DE 2070

Mais do que o fim da carreira, fico imaginando o fim da vida. Um dia, eu e você vamos estar com cabelos bem branquinhos,

DÊ PROPÓSITO

com a pele enrugada e talvez usando uma bengala de apoio. Vamos usar as vagas preferenciais dos estacionamentos, vamos ser os primeiros nas filas das vacinas, vamos ser, talvez, o vovozinho ou a vovozinha de alguém. O que você quer sentir quando pensar em como gastou o seu tempo em vida? O que quer falar para a sua neta que está prestes a começar a trabalhar? Que memórias você quer ter daquela metade da sua vida que passou trabalhando? Como você quer se sentir quando olhar para o seu currículo? Eu gasto muito tempo pensando nisso, de verdade. Fico imaginando como será o João do futuro. Às vezes, até converso com ele.

Você consegue se imaginar daqui a trinta, quarenta ou cinquenta anos? Como você estará fisicamente? Quais manias atuais você vai preservar? Será uma pessoa falante ou mais calada? Será uma senhorinha animada ou um velhote ranzinza? O que você faria se tivesse a chance de falar com você mesmo na velhice?

Quando completei 40 anos, e cheguei à famosa idade das reflexões, fiz uma carta para mim mesmo. Escrevi para o João aposentado, no fim da vida. Tentei deixar as emoções escorrerem para a ponta dos dedos e ter uma conversa franca comigo. Faço uma versão aqui para servir de ilustração e deixar um incentivo para que você também faça a sua:

MISSÃO CUMPRIDA

Prezado João Branco do futuro,

Vou começar de novo, porque você nunca gostou de formalidades: E aí, camarada? Tudo bem com você?

Sempre imaginei como seria esse dia. Completar 70 anos é um privilégio. A essas alturas já deve ser uma conquista de muitos, já que dizem por aqui que as pessoas vão começar a viver mais de cem primaveras. Então espero que você esteja com muita saúde e ânimo para continuar aproveitando esse presentão que Deus te deu, a vida.

Imagino que você esteja com a cabeça toda grisalha, como era a do seu pai. Deve estar cheio de pintas vermelhas, usando óculos e tirando pelinhas da boca enquanto pensa nas coisas. Não consigo imaginá-lo com outra roupa senão uma camiseta discreta e uma calça jeans.

Espero que a viagem até aí tenha sido segura e, assim, tenho certeza de que você vai chegar bem-humorado (e então, finalmente, suas piadinhas de vovô vão combinar com a sua aparência).

Muitos chegam à sua idade comemorando o fato de poderem falar o que quiser. Mas o histórico me diz que você deve estar falando menos do que nunca, por isso vou tentar te ajudar com as palavras desde agora.

Estou aprendendo a escrever de forma mais organizada para te manter comunicativo, nem que seja por escrito; sei melhor do que ninguém que você também precisa colocar coisas para fora. Não porque precisa

DÊ PROPÓSITO

desabafar, mas porque tem tesouros valiosos guardados aí dentro que valem a pena ser compartilhados.

Eu apostaria que você vai adorar contar para os netinhos que você fazia as propagandas do Big Mac e do Kinder Ovo. Duvido que eles vão gostar de ouvir, porque, afinal, eles também têm a sua genética (e impaciência). Mas muitos outros vão querer saber. Não só o que você fez como marketeiro, mas, principalmente, como homem de fé. E está aí algo que não vai te deixar ficar de boca fechada. Por isso preciso construir isso agora.

Sabe, você me dá muito trabalho. Mais do que os meus chefes. Fazer o que você precisa que eu faça consome bastante energia da minha mente e do meu dia. Só estou fazendo exercícios físicos e cuidando da alimentação por sua causa. Você é o único que sabe quantos "não", "sim" e "deixa isso pra lá" eu tive que falar para que você chegasse aí dessa maneira. Então, por favor, faça valer a pena e aproveite cada segundo.

Eu tenho uma curiosidade lascada para saber o que aconteceu entre nós dois. Será que os sonhos do alto já se realizaram? Você aproveitou bem as oportunidades? Conseguiu dar um bom exemplo para os seus filhos? Como terminou seus anos de trabalho?

Conheço você melhor que ninguém e sei do seu compromisso com o dever. Então, independente do que rolou, tenho apenas uma certeza: você fez o melhor que conseguiu. Com as suas guerras, suas limitações e convicções.

MISSÃO CUMPRIDA

Aposto que você surpreendeu, que ajudou o seu filhinho a explorar suas habilidades numéricas muito bem, e que a filhota deve estar dando trabalho com aquele sorrisinho maroto. E fique à vontade para me agradecer muito por ter conseguido conquistar uma pessoa tão sorridente e amorosa para ser sua companheira – ela sempre foi muito mais do que você merece.

Só há uma coisa que me preocupa mais do que ajudar você a chegar bem aí. É ajudar você a chegar bem lá, na próxima fase que te aguarda. E que você sempre aguardou muito, cheio de esperança. Está chegando, Joãozinho. Talvez demore mais trinta anos, mas pode chegar em apenas um dia. Mas uma coisa é certa: está chegando o grande dia.

É impossível escrever isso sem chorar.

Sempre foi.

Continue aguentando firme, camarada. Não vá jogar fora tudo o que eu fiz por você! A comprida missão finalmente vai virar missão cumprida.

Do seu camarada,
João Branco de 2022

DÊ PROPÓSITO

Fazer uma simulação dessas nos faz ponderar muitas coisas. A balança do que realmente importa é diferente, percebe? A definição do que é ser bem-sucedido, do que é ter desfrutado a vida e do que é ter a sensação de missão cumprida. Se o seu trabalho também ocupa metade da sua agenda, não se esqueça de que é lá que boa parte dessas questões serão respondidas.

Imagine como vai ser legal poder ter a satisfação de lembrar o que você fez. Pensar que além de ser um excelente profissional, você deixou um perfume de amor por onde passou. Ter a consciência de que aproveitou as oportunidades para gastar aquele tempão que o trabalho ocupava no seu dia a dia com algo que gerou ainda mais que o dinheiro do seu salário. E ter a sensação de que, se pudesse voltar no tempo, teria feito tudo de novo. Não porque você sempre acertou, mas porque estava com a intenção certa, tentando acertar. Isso acalma a alma. Se você quer uma aposentadoria dessas, precisa escolher fazer isso hoje mesmo.

UM PRESENTE CHAMADO VIDA

Cada um de nós reage de uma forma quando ganha um presente. Tem gente que abre a roupa e a veste na hora. Tem gente que guarda para usar no momento certo. Tem quem não dá muita bola e joga no fundo do armário. E tem aqueles que ganham uma garrafa de vinho muito especial e ficam a vida toda esperando pela ocasião ideal para abri-lo, mas acabam perdendo e nunca degustando a bebida.

A vida é um presente maravilhoso que recebemos. É uma experiência única, multissensorial e emocionante. É um ingresso para um parque que tem todo tipo de aventuras. Tem montanhas-russas com altos e baixos, shows de humor

MISSÃO CUMPRIDA

e atrações que dão frio na barriga. É uma jornada que passa por coisas simples, como sentir a chuva fresca batendo na pele, até acontecimentos divinos como o nascimento de um filho. Um caminho cheio de flores e algumas pedras. Um "jogo" no qual é possível sentir o cheiro do bosque, dar um abraço carinhoso e se encantar com um lindo pôr do sol. Como diria Max Lucado:

> Isso se chama vida e essa é a sua. Cheia de verões, canções, céus nublados e lágrimas, você tem uma vida. Você não pediu, mas tem. Um primeiro dia. Um último dia. E milhares entre eles. A você foi dada uma vida humana. A você foi dada a sua vida. Ninguém mais tem a sua versão. Você nunca vai dar de cara com você mesmo na calçada. Você nunca encontrará alguém que tem a sua combinação exata de ascendências, amores e lembranças. Sua vida nunca será vivida por outra pessoa.[68]

E então, como você está usando essa dádiva que recebeu?

Puxe esse assunto com qualquer idoso e tenho certeza de que todos eles dirão a você: "aproveite, a vida passa muito rápido". É um conselho difícil de ignorar. Na correria do dia a dia esquecemos de reparar o tempo passando. Mas a vida faz questão de nos lembrar que é curta.

Estamos passando por anos difíceis, marcados por uma pandemia, onde muitos de nós perderam pessoas queridas. São lembretes de que a vida é apenas um presente passageiro. Um sopro. Em um "piscar de olhos", eu e você estaremos no finzinho dela.

• • •

68 LUCADO, M. op. cit. p. 17.

@falajoaobranco

A vida é um
presente
maravilhoso
que recebemos.
É uma
experiência
única,
multissensorial
e emocionante.

MISSÃO CUMPRIDA

Como eu usei esse presentão que Deus me deu chamado vida? Gastei a maior parte do tempo competindo com as outras pessoas por uma promoção? Trabalhei de uma forma que me enche de satisfação? Vivi uma rotina de piloto automático que parecia uma vida de zumbi? Fui intencional em tentar dar o meu melhor e transformar o meu trabalho em uma forma prática de amar as pessoas?

Tentar fazer a vida valer a pena "apesar" do trabalho, buscar algum significado nas poucas horas vagas e não nas muitas horas pagas, planejar ficar milionário rápido para conseguir se aposentar do trabalhar logo ou simplesmente desistir de viver uma vida com propósito porque não dá tempo não são as melhores opções. Você pode construir um legado hoje mesmo!

Tudo isso começa com o seu coração. Só não se esqueça de levá-lo para o trabalho.

O MELHOR ANO PROFISSIONAL DA SUA VIDA COMEÇA AGORA

Não desejo sucesso a você.

Calma, não fique bravo com essa frase. Não estou querendo o seu mal nem torcendo pelo seu fracasso, muito pelo contrário. Mas, se até hoje, o que você estava buscando no seu trabalho era o sucesso que ouvimos por aí, eu realmente não desejo isso para ninguém. Não desejo que você fique a vida toda correndo atrás da grama do vizinho que parece mais verde. Não desejo que você gaste a maior parte do seu tempo disputando quem é promovido mais rápido. Não desejo que você se sinta pressionado a sonhar grande e nem que apoie

DÊ PROPÓSITO

todas as suas expectativas na construção de um currículo impressionante.

Torço para que você perceba suas habilidades e talentos, que se esforce em aprimorá-las, que trabalhe com excelência e que, intencionalmente, faça isso para o bem das pessoas que estão ao seu redor. Desejo que você tenha muitos dias cheios de significado e que através do seu trabalho os sonhos do alto possam se concretizar na sua vida. Quero que você ambicione tudo o que está ao seu alcance sem que isso te impeça de estar contente com o que tem agora. Do fundo do meu coração, espero que você possa ser o melhor porteiro, recepcionista, técnico de informática, agente de viagens, eletricista, representante comercial, fotógrafo, gerente de restaurante, vidraceiro, dançarino, engenheiro, guarda florestal, influenciador digital, professor, CEO, vereador, diplomata, sargento, ministro que puder ser. Lembre-se de que todos nós temos o mesmo valor e que a vida passa rápido para todos. Torço para que você chegue, ao final dessa corrida, sem arrependimento por ter gastado tantas horas em coisas que não tinham vínculo com seu propósito maior. Aproveite a oportunidade de amar, servir, ajudar, ser útil para quem está ao seu alcance com o que você sabe fazer bem-feito. Dando o seu melhor, você conseguirá impactar cada vez mais gente e de uma forma cada vez mais profunda. E isso trará a convicção de uma missão cumprida.

Trabalho é apenas trabalho, ele não preenche vazios interiores. Deus preenche, inclusive enquanto você está no seu trabalho. Se você trabalhar com essa intenção, claro.

MISSÃO CUMPRIDA

ENFIM, O PROPÓSITO

Para que um fone de ouvido foi criado? E você, para que foi criado? O propósito de sua vida é muito maior que sua realização pessoal, sua paz de espírito ou mesmo sua felicidade. É muito maior que sua família, sua carreira ou seus mais ambiciosos sonhos. Não posso encerrar este livro sem deixar uma recomendação: se você quiser saber por que foi colocado neste planeta, deverá começar por Deus. Você nasceu de acordo com os propósitos Dele.

Ao contrário do que dizem muitos livros e cursos, você não vai descobrir o sentido de sua vida olhando apenas para dentro de si mesmo. O modo mais fácil de descobrir a razão da existência de uma invenção é perguntar ao inventor. Então, sincronize os seus fones de ouvido com o bluetooth dos céus e boa conversa![69]

Desejo que você comece hoje mesmo o melhor ano profissional da sua vida. Não pelo que você vai conquistar, pelo dinheiro que vai acumular nem pelos prêmios que vai ganhar, mas por todas as mudanças que vão acontecer dentro de você.

• • •

69 TRABALHO COM DEUS. [**Para quê um fone de ouvido foi criado?**]. 30 jun. 2020. Instagram: trabalhocomdeus. Disponível em: https://www.instagram.com/p/CCD6YP-DIDj/. Acesso em: 24 fev. 2022.

O TRABALHO POR TRÁS DO TRABALHO

Até o momento em que escrevo este livro, já tive a benção de ter sido incluído em várias listas dos principais profissionais de Marketing do Brasil. *Forbes*, *Meio & Mensagem*, *Propmark*, *RD Station* e *Scopen* são algumas das mídias e agências que me deram essas alegrias. Nos veículos que fizeram um ranking, fui apontado como o principal CMO do Brasil em 2021. E ainda fui indicado ao Caboré – a principal premiação do mercado publicitário no país. Foram notícias extremamente gratificantes que reconhecem o trabalho da nossa equipe incrível e que me deixam muito animado profissionalmente. Este seria um momento muito interessante para publicar um livro, não acha? Mas, logo nas primeiras conversas com a equipe da Editora Gente, deixei claro que só faria isso com uma condição: quero escrever sobre a forma como vemos o nosso trabalho, e não sobre marketing.

Você pode me perguntar: por que não fiz um livro que o ajudasse a vender mais os seus produtos? Por que não escrevi

O TRABALHO POR TRÁS DO TRABALHO

sobre curiosidades do McDonald's? Isso tudo é muito legal, mas a verdade é que este livro é parte das minhas próprias respostas sobre as memórias que quero construir com a minha carreira. Quando eu for um João centenário, quero poder olhar para trás e falar para mim mesmo: "usei a oportunidade única de escrever um livro e causei o impacto mais profundo possível". É principalmente para fazer essa diferença positiva nas pessoas que estão ao meu redor que estou trabalhando. Se quiser continuar conversando sobre isso, você pode me seguir no Instagram @falajoaobranco ou acessar www.falajoaobranco.com.br. Vou ficar muito feliz em receber uma mensagem sua.

Muito obrigado por fazer parte deste projeto que tem 100% dos seus direitos autorais destinados a causas sociais. Que tal presentear alguém com essas ideias e tornar essa doação ainda maior? Quando o assunto é ajudar, eu amo muito tudo isso.

Este livro foi impresso
pela Gráfica Bartira em
papel pólen bold 70 g/m²
em março de 2024.